徐悲鸿自述

徐悲鸿 著

泰山出版社·济南

图书在版编目（CIP）数据

徐悲鸿自述 / 徐悲鸿著. -- 济南：泰山出版社，2022.12

ISBN 978-7-5519-0737-8

Ⅰ．①徐…　Ⅱ．①徐…　Ⅲ．①徐悲鸿（1895—1953）—自传　Ⅳ．① K825.72

中国版本图书馆CIP数据核字（2022）第167797号

XUBEIHONG ZISHU
徐悲鸿自述

责任编辑　王艳艳　任春玉
装帧设计　路渊源

出版发行	泰山出版社
社　　址	济南市泺源大街2号　邮编 250014
电　　话	综 合 部（0531）82023579　82022566
	出版业务部（0531）82025510　82020455
网　　址	www.tscbs.com
电子信箱	tscbs@sohu.com
印　　刷	山东新华印务有限公司
成品尺寸	150 mm × 230 mm　16开
印　　张	10.75
字　　数	135千字
版　　次	2022年12月第1版
印　　次	2022年12月第1次印刷
标准书号	ISBN 978-7-5519-0737-8
定　　价	39.00元

凡　例

一、本书收录了作者的相关经典文章或片段，主要展现了作者的学术历程或情感操守等。

二、将所选文章改为简体横排，以适应当代的阅读习惯。所选文章尽量依照原作，以保持文章的时代原貌，有些地方参照当下最新的整理成果进行了适当修改。

三、所选文章没有标题或者标题重复的，编辑时另行拟加或改拟。个别文章为相近内容之汇辑，另拟新题。

四、对有些当时使用的文字，如"的""地""得""化钱""记帐"等,均一仍其旧。

目录

001　悲鸿自述

023　旅欧记行

033　游英杂感之一

035　从意大利到莫斯科

039　我在印度

043　缅甸游记

050　东归漫记

052　南游杂感（节选）

056　述学之一

058　居宁之幸遇记

060　艺术漫话

061　美的解剖

062　美与艺

064　美术之起源及其真谛——在上海新闻学会讲演辞

067　习　艺

069　儿童如神仙

070　性格论

072　谈大胆

073　艺术？空气！

075　论中国画

079　美术漫话

082　漫　谈

085　因《骆驼》而生之感慨

088　智　慧

089　学画之步骤

090　颜色之运用

091　初学画之方法

092　废　话

094　与丁楚谈艺术

098　中国艺术的贡献及其趋向

103　复兴中国艺术运动

106　新国画建立之步骤

108　新艺术运动之回顾与前瞻

114　中国今日急需提倡之美术

118　近代美术院缘起

119　艺院建设计划

123　中国艺术的没落与复兴

130　古今中外艺术论

135　我对于敦煌艺术之看法

137　法国艺术近况

140　印度美术中之大奇

143　帕提农

149　中西艺术之异同与比较

151　故官所藏绘画之宝

154　朝元仙仗三卷述略

156　故宫书画展巡礼

158　《悲鸿画集》自序

159　《齐白石画册》序

160　李可染先生画展序

161　《关山月画集》序

162　《积玉桥字》跋

悲鸿自述

悲鸿生性拙劣，而爱画入骨髓。奔走四方，略窥门径，聊以自娱，乃资谋食，终愿学焉，非曰能之。而处境困厄，窘态之变化日殊。梁先生得所坚命述所阅历，辞之不获，伏思怀素有自叙之帖，卢梭传忏悔之文，皆抒胸臆，慨生平，借其人格，遂有千古。悲鸿之愚，诚无足纪，惟昔日落拓之史，颇足用以壮今日穷途中同志者之志。吾乐吾道，忧患奚恤，不惮词费，追记如左。文辞之拙，弗遑计已。

距太湖之西三十里，荆溪之北，有乡可五六十家。凭河两岸，一桥跨之，桥曰计亭。吾先人世居业农之所也。吾王父砚耕公，以洪杨之役，所居荡为灰烬。避难归来，几不能自给，力作十年，方得葺一椽为庐于桥之侧，以蔽风雨，而生先君。室虽陋，吾先君方自幸南山为屏，塘河为带，日月照临，霜雪益景，渔樵为侣，鸡犬唱答，造化赋与之丰美无尽也。

先君讳达章（清同治己巳生），生有异禀，穆然而敬，温然而和，观察精微，会心造物。虽居穷乡僻壤，又生寒苦之家，独喜描写所见，如鸡、犬、牛、羊、村、树、猫、花。尤好写人物，自由父母、姊妹（**先君无兄弟**），至于邻佣、乞丐，皆曲意刊划，纵其拟仿。时吾宜有名画师毕臣周者，先君幼时所雅慕，不谓日后其艺突过之也。先君无所师承，一宗造物。故其所作，鲜Convention而特多真气。守宋儒严范，取去不苟，性情恬淡，不慕功名，肆忘于山水之间，宴如也。耽咏吟，榜书雄古有力，亦精篆刻，超然自立于诸家以外。

先君为人至敦笃，慈祥恺悌，群遣子弟从学，习画问字者至伙。有扬州蔡先生者，业医、能画，携子赁居吾家。其子曰邦庆，生于中日战败之年，属马，长吾一岁，终日嬉戏为吾童时伴，好涂抹。吾时受先君严督读书，深羡其自由作画也。

吾六岁习读，日数行如常儿。七岁执笔学书，便思学画，请诸先君，不可。及读卞庄子之勇，问："卞庄子何勇？"先君曰："卞庄子刺虎，夫子以是称之。"欲穷虎状，不得，乃潜以方纸求蔡先生作一虎，归而描之。久，为先君搜得吾所描虎，问曰："是何物？"吾曰："虎也。"先君曰："狗耳，焉云虎者。"卒曰："汝宜勤读，俟读完《左传》，乃学画矣。"余默然。

九岁既毕四子书，及《诗》《书》《易》《礼》，乃及《左氏传》。先君乃命午饭后日摹吴友如界画人物一幅，渐习设色。十岁，先君所作，恒遣吾敷无关重要处之色。及年关，又为乡人写春联，如"时和世泰，人寿年丰"者。

余生一年而丧祖母，六年而丧大父，先君悲戚，直终其身。余年十三四，吾乡连大水，人齿日繁，家益窘。先君遂奔走江湖，余亦始为落拓生涯。

时强盗牌卷烟中，有动物片，辄喜罗聘藏之。又得东洋博物标本，乃渐识猛兽真形，心摹手追，怡然自乐。年十七，始游上海，欲习西画，未得其途，数月而归。为教授图画于和桥之彭城中学。

方吾年十三四时，乡之富人皆遣子弟入学校，余慕之。有周先生者，劝吾父命遣吾入学校尤笃，先君以力之不继为言。周先生曰："画师乃吃空心饭也，乌足持。"顾此时实无奈，仅得埋首读死书，谋食江湖。

年十九，先君去世，家无担石。弟妹众多，负债累累，念食指之浩繁，纵毁身其何济。爰就近彭城中学、女子学校，及宜兴女子学校三校图画教授。心烦虑乱，景迫神伤，遑遑焉逐韶华之逝，更无暇念及前途，览爱父之遗容，只有啜泣。

时落落未与人交游。而女子学校国文教授张先生祖芬者，独蒙青视，顾亦无杯酒之欢。年余，终觉碌碌为教，无复生趣，乃思以工游沪，而学而食。辞张先生，张先生手韩文全函，殷勤道珍重，曰："吾等为赡家计，以舌耕求升斗，至老死，亦既定矣。君盛年英锐，岂宜居此？曩察君负荷綦重，不能勖君行，而乱君意。今君毅然去，他日所跻，正未可量也。"又曰："人不可无傲骨，但不可有傲气。愿受鄙言，敬与君别。"呜呼张君者，悲鸿入世第一次所遇之知己也。

友人徐君子明者，时教授于吴淞中国公学，习闽人李登辉，挟余画叩李求一小职，李允为力。徐因招赴沪，为介绍。既相见，李大诧吾年青，私谓子明："若人者，孩子耳，何能做事？"子明曰："人负才艺，讵问其年。且人原不甘其境，思谋

工以继其读,君何慊焉?"李乃无言。徐君是年暑期后,赴北京大学教授职,吾数函叩李,终无答。顾李君纳吾画,初未尝置意,信乎慷慨之士也。

吾于是流落于沪,秋风起,继以淫雨连日,苦寒而粮垂绝。黄君警顽,令余坐于商务印书馆,日读说部杂记排闷,而忧日深。一时资罄,乃脱布褂赴典质,得四百文,略足支三日之饥。一日,得徐君书,为介绍恽君铁樵,恽君时主商务印书馆《小说月报》,因赴宝山路访之。恽留吾画,为吾游扬于其中有力者,求一月二三十金小事。嘱守一二日,以俟佳音。时届国庆,吾失业已三月。天雨,吾以排日,不持洋伞,冒雨往探消息。恽君曰:"事谐,不日可迁居于此,食于此,所费殊省。君夜间习德文,亦大佳事,吾为君庆矣。"余喜极,归至梁溪旅馆,作数书告友人获业。讵书甫发,而恽君急足至,手一纸包,亟启视,则道所谋绝望,附一常州人庄俞者致恽君一批札,谓某之画不合而用,请退还。尔时神经颤震,愤怒悲哀,念欲自杀。继思水穷山尽,而能自拔,方不为懦,遂腼颜向一不应启齿、言通财之友人告贷,以济燃眉之急。故乡法先生德生者,为集一会,征数十金助余。乃归和桥,携此款,将作北京之行,以依故旧。于是偕唐君者,仍赴沪居逆旅候船。又作一画报史君,盖法君之友助吾者也。为装框,将托唐君携归致之。唐君者,设茧行,时初冬,来沪接洽丝商,谋翌年收茧事,而商于吴兴黄先生震之。黄先生来访,适值唐出,余在检行装。盖定翌日午后行矣。黄先生有烟癖,乃卧吸烟,而守唐君返。对墙寓吾所赠史君画,极称赏。询余道此画之佳,余唯唯。又询知何人作否,余言实系拙作,黄肃然起敬，谓："察君少年，乃负绝技，肯割爱否？"余言此画已赠人。黄因请另作一幅赠史，余乃言："明日行。"黄先生问："何往？"曰："去北京。"问："何谋？"余言："固无目的，特不愿居此，欲一见宫阙耳。"黄先生言："此时北方已雪，君之所御，且无以却寒，留此徐图良策何如？"余不可。因默然。

无何，唐君归，余因出购零星。入夜，唐君归，述黄先生意，拟为介绍诸朋侪，以绘画事相委，不难生活。又言黄君巨商，广交游，当能为君助。余感其意，因止北行。时有暇余总会者，赌窟也，位于今新世界地。有一小室，黄先生烟室也。赌自四五时起，每彻夜。黄先生午后来，赌倦而吸烟，十一时许，乃归。吾则据其烟室睡。自晨至午后三时，据一隅作画。赌者至，余乃出，就一夜馆读法文，或赴审美书馆观画，食则与群博者俱。盖黄君与设总会者极稔，余故得其惠，馔之丰，无与比。

伏腊，总会中粪除殆遍，积极准备新年大赌。余乃迁出，之西门，就黄君警顽同居。而是年黄震之先生大失败，余又茕茕无所告，乃谋诸高君奇峰。初，吾慕高剑父兄弟，乃以画马质剑父。大称赏，投书于吾，谓虽古之韩幹，无以过也，而以小作在其处出版，实少年人最快意之举，因得与其昆季相稔。至是境迫，因告之奇峰，奇峰命作美人四幅，余亟归构思。时桃符万户，锣鼓喧天，方度年关，人有喜色。余赴震旦入学之试而归，知已录取。计四作之竟，可一星期。高君倘有所报，则得安读矣。顾囊中仅存小洋两毫，乃于清晨买蒸饭一团食之，直工作至日入。及第五日而粮绝，终不能向警顽告贷，知其穷也，遂不

食。画适竟，乃亟往棋盘街审美书馆觅奇峰。会天雪，腹中饥，倍觉风冷。至肆中，人言今日天雪，奇峰未来。余询明日当来否？肆人言："明日星期，彼例不来。"余嗒然不知所可，遂以画托留致奇峰而归。信乎其凄苦也。

入学须纳费，费将何出？腹馁亦不能再支，因访阮君翟光。既见，余直告："欲借二十金。又知君非富有，而事实急。"阮君曰："可。"顿觉温饱，遂与畅谈。又欲索观近作，留与同食。归睡亦安。明日入学，缴学费。时震旦学院院长法人恩理教士，欲新生一一见。召黄扶，吾因入。询吾学历，怅触往事，不觉悲从中来，泪如雨下，不能置一辞。恩理教士见吾丧服，询服何人之丧，余曰："父丧。"泪益不止。恩理再问，不能答。恩理因温言劝弗恸："汝宿费不足，但可缓纳。勤学耳，自可忘所悲。"

吾因真得读矣。顾吾志只在法文，他非所措意也。既居校，乃据窗而居。于星期四下午，仍捉笔作画。乃得一书，审为奇峰笔迹，乃大喜。启称视则称誉于吾画外，并告以报吾五十金。遂急舍笔出，又赴阮君处偿所负。阮又集数友令吾课画，月有所入，益以笔墨，略无后顾之忧矣。吾同室之学友，为宋君国宾，最勤学。今日负盛誉，当年固早卜之矣。但是时宋君体弱，名医恒先为病夫，亦奇事也。

是年三月，哈同花园征人写仓颉像，余亦以一幅往。不数日，周君剑云以姬觉弥君之命，邀偕往哈同花园晤姬。既相见，甚道其推重之意，欲吾居于园中，为之作画。余言求学之急，如蒙不弃，拟暑期内迁此，当为先生作两月之画。姬君欣然诺，并言此后可随时来此。忽忽数月，烈日蒸腾，余再蒙恩理教士慰勉，乃以行李就哈同之居。可一星期，写成一大仓颉像。姬君时来谈，既而曰："君来此，工作无间晨夕。盛暑而君劬劳如此，心滋不安，且不知将何以酬君者。"

余曰："笔敷文采，吾之业也，初未尝觉其劳。吾居沪，隐匿姓名，以艺自给，为苦学生，初亦未尝向人求助。比蒙青睐，益知奋勉。顾吾欲以艺见重于君，非冀区区之报。君观吾学于教会学校者，讵将为他日计利而易吾业耶？果尔，则吾之营营为无谓。吾固冀遇有机缘，将学于法国，而探索艺之津源。若先生所以称誉者，只吾过程中借达吾愿学焉者之具而已。若不自量，以先生之誉而遂自信，悲鸿之愚，诚自知其非也。果蒙先生见知，于欧战止时，令吾赴法，加以资助，而冀他日万一之成，悲鸿没齿不忘先生之惠。若居此两月间之工作，悲鸿以贫困之人，得枕席名园，闻鸟鸣，看花放，更有仆役，为给寝食者，其为酬报，固以多矣，敢存奢望乎？"

姬君曰："君之志，殊可敬。弟不敏，敢力谋以从君愿。顾君日用所需色纸之费，亦必当有所出。此后君果有所需，径向账房中索之，勿事客气。"姬君者，芒砀间人，有豪气，自是相得甚欢，交谊几若兄弟。时姬君方设仓圣明智大学，又设广仓学会，邀名流宿学，如王国维、邹安等，出资向日本刊印会中著述。今日坊间，尚有此类稽古之作。又集合上海收藏家，如李平书、哈少甫等，时以书画金石在园中展览。外间不察，以为哈同雅好斯文。致有维扬人某者，以今日有正书局所印之陈希夷联"开张天岸马，奇逸人中龙"，向之求售。此时尚无曾髯大跋，觉更仙姿出世，逸气逼人，索价两千金。此联信乎书中大奇，人

间剧迹。若问哈同，虽索彼两金求易，亦弗欲也。吾见此，惊喜欲舞，尽三小时之力，双钩一过而还之。

此时姬为介绍诗人廉南湖先生，及南海康先生。南海先生，雍容阔达，率直敏锐，老杜所谓真气惊户牖者，乍见之觉其不凡。谈锋既启，如倒倾三峡之水，而其奖掖后进，实具热肠。余乃执弟子礼居门下，得纵观其所藏。如书画碑版之属，殊有佳者，相与论画，尤具卓见，如其卑薄四王，推崇宋法，务精深华妙，不尚士大夫浅率平易之作，信乎世界归来论调。南海命写其亡姬何旃理像，及其全家，并介绍其过从最密诸友，如瞿子玖、沈寐叟等诸先生。吾因学书，若《经石峪》《爨龙颜》《张猛龙》《石门铭》等名碑，皆数过。

曹君铁生者，江阴人，健谈，任侠，为人自喜。在溧阳，与吾友善，长吾廿岁。蒙赠欧洲画片多种。曹号"无棒"，余询其旨，曰："穷人无棒被狗欺也。"其肮脏多类此。一日，哈校中少一舍监，吾以曹君荐，即延入。讵哈校组织特殊，禁生徒与家族来往，校医亦不善，学生苦之，而曹君心滋愤。一日，曹君因例假出，夜大醉归，适遇余与姬君等谈。曹指姬君大骂，历数学校误害人子弟。姬君泰然，言曹先生醉，令数人扶之往校。余大窘。是夜，姬君左右即以曹行李出，余只得资曹君行汉皋。顾姬君后此相视，初未易态度，其量亦不可及也。

岁丁巳，欧战未已，姬君资吾千六百金游日本。既抵东京，乃镇日觅藏画处观览。顿觉日本作家，渐能脱去拘守积习，而会心于造物，务为博丽繁郁之境，故花鸟尤擅胜场，盖欲追踪徐、黄、赵、易，而夺吾席矣，是沈南苹之功也。惟华而薄，实而少韵，太求夺目，无蕴藉朴茂之风。是时寺崎广业尚在，颇爱其作，而未见其人也。识中村不折，彼因托以所译南海《广艺舟双楫》，更名曰《汉魏书道论》者致南海。

六月而归，复辟之乱已平。吾因走北京，识诗人罗瘿公、林畏庐、樊樊山、易实甫等诸名士。即以蔡孑民先生之邀，为北京大学画法研究会导师。识陈师曾，时师曾正进步时也。瘿公好与诸伶人狎，因尽识都中名伶，又以杨穆生之发现，瘿公出程玉霜于水火。罗夫人梁佩珊最贤，与碧微相善，初见瘿公之汲引艳秋，颇心韪之。而瘿公为人澈底，至罄其所有以复艳秋之自由，并为绸缪未来地位，几倾其蓄。夫人乃大怒反目，诉于南海。翌年冬，瘿公至沪谒南海，遭大骂。至为梅兰芳求书，不敢启齿。顾南海亦未尝不直瘿公所为也。

吾居日本，尽以资购书及印刷品。抵都，又贫甚，与华林赁方巾巷一椽而居。既滞留，又有小职北京大学，礼不能向人告贷。是时显者甚多相识，顾皆不知吾有升斗之忧也。

识佩五、刘三、沈尹默、马叔平诸君。李石曾先生初创中法事业，先设孔德学校，余与碧微皆被邀尽义务。时长是校者，为蔡孑民故夫人黄夫人。

既居京师，观古宫及私家所藏，交当时名彦，益增求学之渴念。时蜀人傅增湘先生沅叔长教育，余以瘿公介绍谒之部中。其人恂恂儒者，无官场交际之伪。余道所愿，傅先生言："闻先生善画，盍令观一二大作。"余于翌日挟所作以付教部阍人。越数日复见之，颇蒙青视，言："此时惜欧战未平。先生可少待，有机缘必不遗先生。"余谢之出，心略平，惟默祝天佑法国，此战勿败而已。黄尘障天，日渐炎热，所居湫隘，北京有微虫白蛉子者，有毒，灰色，吮人血，作奇痒，余苦不堪。石曾先生因令居西山碧云寺。其地层台高耸，古栝参天，清泉寒冽，巨松盘郁。俯视尘天秽恶之北京，不啻地狱之于上界。既抵，而与顾梦余邻。顾此时病肺，步履且艰，镇日卧曝日中，殆不移动。吾去年归，乃知其为共产党巨头，心大奇之。

旋闻教育部派遣赴欧留学生，仅朱家骅、刘半农两人。余乃函责傅沅叔食言，语甚尖利，意既无望，骂之泄愤而已。而中心滋戚，盖又绝望。数月复见瘿公，公言沅叔殊怒余之无状，余曰："彼既不重视，固不必当日甘言饵我。因此语出诸寻常应酬，他固不计较，傅读书人，何用敷衍？"讵十七年十一月，欧战停。消息传来，欢腾大地。而段内阁不倒，傅长教育屹然，无法转圜。幸蔡先生为致函傅先生，先生答曰："可。"余往谢，既相见，觉局促无以自容，而傅先生恂恂然如常态不介意，惟表示不失信而已。余飘零十载，转走千里，求学之难，难至如此。吾于黄震之、傅沅叔两先生，皆终身感戴其德不忘者也。

欧战将终，旅华欧人皆欲西归一视，于是船位以预定先后之次第，在六月之间已无位置。幸华法教育会之勤工俭学会，赁日本之伦敦货船下层全部，载八十九人往。余与碧微在沪加入，顾前途之希望焕烂，此惊涛骇浪，恶食陋居，初未措诸怀。行次，以抵非洲西中海岸之波赛为最乐。以自新加坡行至此，凡三星期未见地面，而觉欧洲又在咫尺间也。时当吾华三月，登岸寻览。地产大橘，略如广州蜜橘与橙合种，而硕大尤过之，大几如碗，甘美无伦。乐极，尽以余资购食之。继行三日，过西班牙南鄙，英炮台奇勃腊答峡，乍见欧土，热狂万端。遂入大西洋。于将及英伦之前一日，各整备行装，割须理发，拭鞋帽，平衣服，喜形于面。有青者，如初苏之树，其歌者，声益扬。倭之侍奉，此日良殷，以江瑶柱炒鸡鸭蛋饷众，于是饭乃不足。侍者道歉，人亦不计。又各搜所有资，悉付之为酬劳。食毕起立舢板，西望郁郁葱葱者，盖英之南境矣。一行五十日，不觉春深，微雨和风，令忘离索。

抵伦敦，欢天喜地之情，难以毕述。余所探索，将以此为开始。陈君通伯，即伴游大英博物院，遂沉醉赞叹颠倒迷离于班尔堆侬残刊之前。呜呼？曷不令吾渐得见此，而使吾此时惊恐无地耶？遂观国家画院，欣赏范拉司该、康斯推勃、吞纳等杰构及其皇家画会展览会，得见散而劲、西姆史等佳作。

留一星期，于一千九百十九年五月十日而抵巴黎。汽车经凯旋门左近，及公各而特广场，大宫小宫等，似曾相识。对之如醉如痴，不知所可。舍馆既定，即往鲁勿尔博物院顶礼，大失所望。其中重要诸室，悉闭置。盖其著名杰作，悉在战时运往薄而陀城安放，备有万一之失，而尚未运回也。惟辟一室；纳费音楼作《微笑之嚼公特》、拉飞罗之《美园妇》《圣母》等十余幅，以止游客之唉而已。惟达维之室未动，因得纵览。觉其纯正严重，笃守典型，殊堪崇尚。时Carolus Durand初逝，吕克桑埠博物院特为开追悼展览会，悉陈其作，凡数百幅，殊易人也。乃观萨龙，得见薄奈、罗郎史、达仰、弗拉孟、倍难尔、莱而弥忒、高而蒙等诸前辈作物，其人今悉次第物故矣。

吾居国内，以画谋生，非遂能画也。且时作中国画，体物不精，而手放轶，动不中绳，如无缰之马，难以控制。于是悉心研究，观古人所作，绝不作画者数月，然后渐渐习描。入徐梁画院，初甚困。两月余，手方就范，遂往试巴黎美术学校。录取后，乃以弗拉孟先生为师。是时识梁启超、蒋百里、杨仲子、谢寿康、刘厚。各博物院渐复旧游观，吾课余辄往，研求各派之异同，与各家之精诣。爱帝襄之富丽，及李倍拉之坚卓。于近人则好孤而倍、薄奈、罗郎史。虽夏凡纳之大，斯时尚不识也。时学费不足，节用甚，而罗致印刷物，翻览比较为乐。因于欧陆作家，类能举指。

一千九百二十年之初冬，法名雕家唐泼忒先生夫妇，招往茶会，座中俱一时先辈硕彦。而唐夫人则为吾介绍达仰先生，曰："此吾法国最大画师也。"又安茫象先生。吾时不好安画，因就达仰先生谈。达仰先生，身如中人，目光精锐，辞令高雅，态度安详。引掖后进，诲人不倦，负艺界众望，而绝无骄矜之容。吾请游其门，先生曰："甚善。"因与吾六十五号Chezy其画室地址，命吾星期日晨往。吾于是每星期持所作就教于先生，直及一千九百廿七年东归。吾至诚一志，乃蒙帝佑，足跻大邦，获亲名师，念此身于吾爱父之外，宁有启导吾若先生者耶？

先生初见吾，诲之曰："吾年十七游谷洛（大风景画家）之门，谷洛曰诚，曰自信，毋舍己徇人。吾终身服膺弗失。君既学于吾邦，宜以嘉言为赠。"又询东人了解西方之艺如何，余惭无以应，只答以在东方不获见西方之艺，而在此者，类习法律、政治，不甚留心美术。先生乃言："艺事至不易，勿慕时尚，毋甘小就。"令吾于每一精究之课竟，默背一次，记其特征，然后再与对象相较，而正其差，则所得愈坚实矣。弗拉孟先生乃历史画名家，富于国家思想。其作流丽自然，不尚刻画，尤工写像。吾入校之始，即蒙青视，旋累命吾写油画，未之应。因此时殊穷，有所待也。时同学中有一罗马尼亚人菩拉达者，用色极佳，尤为弗拉孟先生重视。吾第一次作油绘人体，甚蒙称誉，继乃绝无进步。后在校竞试数次，虽列前茅，亦未得意。而因受寒成胃病。

一九二一年夏间，胃病甚剧，痛不支，而自是学费不至。乃赴德国居柏林，问学于康普先生，过从颇密。先生善薄奈先生，吾校之长也，年八十八，亦康普前辈。时德滥发纸币，币价日落，社会惶惶，仇视外人，盖外人之来，胥为讨便宜。固不知黄帝子孙，情形不同，而吾则因避难而至，尤不相同，顾不能求其谅解也。识宗白华、陈寅恪、俞大维诸君。时权德使事者，为张君季才。张夫人籍江阴，善碧微。张君伉俪性慈祥，甚重吾好学，又矜余病，乃得姜令吾日食之，又为介绍名医，吾苦渐减。其情至可感也。

既居德，乃得观门赤尔作，又见绥赣底尼作及脱鲁倍斯可以之塑象，颇觉居法虽云见多识广，而尚囿也。又觉德人治艺，夸尚怪诞，少华贵雅逸之风，乃叩诸康普先生曰："先生为艺界耆宿，长柏林艺院，其无责乎？"先生曰："彼自疯狂，吾其奈之何？"实则其时若李倍而忙，若柯林脱等，亦以前辈资格，作荒率凌乱之画，以投机取利。康普之精卓雄劲，且不为人所喜。康普先生曰："人能善描，则绘时色自能如其处。"其描为当世最善描者之一，秀劲坚强，卓然大家；其于绘，凝重宏丽，又阔大简练。其在特来斯屯之《同仇》《铸工》及柏林大

学壁画，皆精卓绝伦。他作则略少秀气，盖最能表现日耳曼民族作风者也。

吾居德，作画日几十小时，寒暑无间，于描尤笃，所守不一，而不得其和，心窃忧之。时最爱伦勃郎画，乃往弗来特力博物院临摹其作。于其《第二夫人像》，尤致力焉，略有所得，顾不能应用之于己作，愈用功，而毫无进步，心滋惑。时德物价日随外币之价增高，美术印刷，尤为德人绝技，种类綦丰，亦尽量购之。及美术典籍，居室上下皆塞满，坐卧于其上，实吾生平最得意之秋也。吾性又嗜闻乐，观歌剧，恒与谢次彭偕，只择节目人选，因所耗固不巨也。时吾虽负债，虽贫困，而享用可拟王公，惟居室两椽，又为书画塞满，终属穷画师故态耳。

一日在一大画肆，见康普、史吐克、区个儿、开赖等名作甚多，价合外金殊廉，野心勃勃，谋欲致之。而吾学费，积欠十余月，前途渺茫，负债已及千金。再欲举债，计将安出？时新任德使为魏宸组，曾蒙延食之雅。不揣冒昧，拟往德商之。惧其无济，又恐失机，中心忐忑，展转竟夜，不能成寐。终宵不合眼，生平第一次也。

翌日，鼓起勇气至Kurfürstendamm中国使馆。余居散维尼广场之左，与之密迩，步行往。叩见公使，魏使既出，余因道来意，盛称如何其画之佳妙，如何画者大名之著，其价如何之廉，请假资购下，以陈诸使署客堂。因敝居已无隙可置，特不愿失去机会，待吾学费一至，即偿。吾意欲坚其信，故以画质使馆，当无我虞也。魏使唯唯，曰："将请蒋先生向银行查款，不知尚有余否。下午待回音如何？"魏使所操为湖北语，最好官话也。

无奈，更商之宗白华、孟心如两君及其他友好，为集腋成裘之策。卒致康普两作，他作则绝非力之所及矣。因致书国内如康南海等，谋四万金，而成一美术馆。盖美术品，如雕刻、绘画、铜镌等物，此时廉于原值二十倍。当时果能成功，则抵今日百万之资。惜乎听我藐藐，而宗白华又非军阀，手无巨资相假也。

柏林之动物园，最利于美术家。猛兽之槛恒作半圆形，可三四面观。余性爱画狮，因值天气晴明，或上午无游人时，辄往写之。积稿颇多，乃尊拔理、史皇为艺人之杰。

一千九百二十二年，吾师弗拉孟先生逝世，旋薄奈先生亦逝，学府以倍难尔先生继长美校，倍延吕衷西蒙代弗拉孟。是年年底闻学费有着，乃亟整装。廿三（一九二三）年春初，复归巴黎，再谒达仰先生，述工作虽未懈，而进步毫无，及所疑惧。先生曰："人须有受苦习惯，非寻常处境为然，为学亦然。"因述穆落脱，法十九名画家，天才之敏，古今所稀，凭其秉赋，不难成大地最大艺师之一。但彼所诣，未足与费音楼、米该郎棋罗、拉飞罗、帝襄等相提并论者，以其于艺未历苦境也。未历苦境之人，恒乏宏愿。最大之作家，多愿力最强之人，故能立至德，造大奇，为人类申诉。乃命吾精描，油绘人体，分部研究，务能体会其微，勿事爽利夺目之施（国人所谓笔触）。余谨受教，归遵其法，行之良有验，于是致力益勇。是年，余以《老妇》一幅，陈于法国国家美术展览会（所谓萨龙）。学费又不继，境日益窘，乃赁居Friedland之六层一小室，利其值低也。顾其处为富人之区，各物较五区为贵。吾有时在美校工作，有时在蒙班捼司各画院自由作画，及速写。有时往鲁勿尔临画。归时恒购日用所需，如米油菜肉之类。劳顿甚，胃病又时作。

翌年春三月，忽一日傍晚大雨雹，欧洲所稀有也。吾与碧微方夜饭，谈欲谋向友人李璜借资，而窗顶霹雳之声大作，急起避。旋水滴下，继下如注，心中震恐，历一时方止。而玻璃碎片，乒乓下坠，不知所措。翌晨以告房主，房主言须赔偿。吾言此天灾，何与我事？房主言不信可观合同。余急归，取阅合同，则房屋之损毁，不问任何理由，其责皆在赁居者，昭然注明。嗟夫，时运不济，命途多乖，如吾此时所遭，信叹造化小儿之施术巧也。于是百面张罗。李君之资，如所期至，适足配补大玻璃十五片，仍未有济乎穷。巴黎赵总领事颂南，江苏宝山人，曾未谋面。一日蒙致书，并附五百方支票一只，雪中送炭、大旱霖雨，不是过也。因以感激之私，于是年七月为赵夫人写像。而吾抵欧洲五年以来勤奋之功，克告小成。吾学博杂，至是渐无成见，既好安葛尔之贵，又喜初伦之健，而己所作，欲因地制宜，遂无一致之体。前此之失，胥因太贪，如烹小鲜，既已红烧，便不当图其清蒸之味，若欲尽有，必致无味。吾于赵夫人像，乃始能于作画前决定一画之旨趣，力约色象，赴于所期。既成，遂得大和，有从容暇逸之乐。吾行年二十八矣，以驽骀之资，历困扼之境，学十余年不间，至是方得几微。回视昔作，皆能立于客观之点，而知其谬。此自智者，或悟道之早者视之，得之未尝或觉。若吾千虑之得，困乃知之者，自觉为一生之大关键也。

吾生与穷相终始，命也；未与幸福为缘，亦命也。事不胜记，记亦乏味。一九二五年秋间，忽偕张君梅孙游巴黎画肆，见达仰先生之*Ophelia*，爱其华妙，因思致之。会闽中黄孟圭先生倦游欲返，素与友善，因劝吾同赴新加坡。时又得蔡子民先生介绍函两封，因决行。黄君故善坡巨商陈君嘉庚，及黄君天恩，遂为介绍作画，盖又江湖生活矣。陈君豪士，沉毅有为，投资教育与公益，以数百万计，因劝之建一美术馆。惜语言不通，而吾又艺浅，未能为陈君所重。比吾去新加坡，陈君以二千五百金谢吾劳。

归国三月，南海先生老矣，为之写一像。又写黄先生震之像，以黄先生而识吴君仲熊。时国中西画颇较发展，而受法画商宣传影响，混沌殆不可救。春垂尽，仍去法。是年夏，偕谢次彭赴比京，居学校路。日间之博物院，临学而棠《丰盛》一图，傍晚返寓。寓沿街，时修水管，掘街地深四五尺，臭甚。行过此，须掩鼻。入夜又出，又归，则不甚觉其臭。明之试之亦然，因悟腹饥，则感觉强，既饱则冥然钝。然则古人云"穷而工诗者"，以此矣。吾人倘思有所作，又欲安居温饱，是矛盾律也。在比深好史拖白齿之作，惜不甚多。十月返法。是岁丙寅，吾作最多，且时有精诣。

吾学于欧凡八年，借官费为生，至是无形取销，计前后用国家五千余金，盖必所以谋报之者也。

丁卯之春，乃作意大利之游。先及瑞士，吾旧游地也。往拔尔观霍尔拔音，及培克林之作，霍作极精深。至区理雪观霍特来画，亦顽强，亦娴雅，易人处殊多，被称为雷音河左岸之印象派作者。其艺盖视貂耐、勒奴幻辈高多多矣。彼其老炼经营之笔，非如勒奴幻之浮伪莫衷一是也。

夜抵米拉那，清晨即往谒落南·费音楼耶稣像稿，观圣餐残图，令人低徊感慨无已。拜费音楼石像，遂及大教寺，竭群山之玉，造七百年而未竟之大奇也。

徘徊于拉飞罗雅典派稿及雷尼圣母、费音楼侧面女象之大者，两半日，而去天朗气清之岛城范尼史。既入海，抵车站，下车即阻于河。遂沿河觅逆旅，一浴即参拜帝襄之《圣母升天》，吾最尊崇者之一也。奈天雾，范古建筑，受光极弱，藏升天幅之教堂尤甚，览滋不畅。于是过里亚而笃桥，行至圣马可广场。噫嘻，其地无尘埃，无声响，不知有机械，不识轮之为物。周围数千丈之广场往来者，皆以足。海鸥翔集，杖藜行歌，别有天地，非人间矣。乃登塔瞭望此二十万人家之水国，港汊互回，桥梁横直，静寂如黄包车未发明时之苏州。其街头巷角小市所陈食用之属，亦鲜近世华妙光泽之器。其古朴直率之风，犹令人想见范乐耐、丁笃来笃之时也。其美术院藏如悲理尼、丁笃来笃之杰作无论矣。吾尤爱帝爱波罗之壁饰横幅，长几十丈。惜从他处取下移置美术馆院时，不谨慎，多褶断损坏。帝之画，壁饰居多，人物动态，展扬飘逸，诚出世之仙姿。信乎十八世纪第一人也。古迹至多，舍公宫之范乐耐之范尼史城加冕外，教寺中尤多杰作，客班楼窝、老班而迈、帝爱波罗等作，触目皆是。念吾五千年文明大邦，惟余数万里荒烟蔓草，家无长物，室如悬磬。范尼史人以大奇用香烟熏黑，高垣扃闭，视之亦不甚惜，真令人羡煞，又恨煞也。

意近人之作，吾爱丁笃来笃。又见西班牙大家索罗兰·补蓬、英人勃郎群多种，皆前此愿见之物也。

美哉范尼史，吾愿死于斯土矣！

游薄罗涅,无甚趣味。至非冷翠,中意之名都,唐推、奇欲笃及文艺复兴诸大师之故土。

吾游时,意兴不佳,惟见米该郎楫罗之达维巨刊及未竟之四奴,则神往。余虽极负盛名之乌非楼宫、石比帝宫。

吾所恋者尚在希腊雕刻也,负蒙堆捏、薄底千里多矣。购一摩赛色画,其工甚精,惜其稿不佳。吾意倘能以吾国宋人花鸟作范,或以英人勃郎群画作范,皆能成妙品,彼等未思及此也。一桌面之精者,当时只合华金五百元耳。游罗马,信乎吾理想中之都市矣。Forum之坏殿颓垣,何易入之深耶?行于其中,如置身二十年之前。走过市,目不暇接。至国家美术院及Cap tole,如他乡之遇故知,倾吐思慕之殷且笃者。尤于无首、臂之Cirene女神,为所蛊惑,不能自已。新兴之意大利,于阐发古物,不遗余力,有无数残刊,皆新出土,昔所未及知也。既抵圣保禄寺,入教皇之境,美术之威力益见其宏大。遂欲言清都紫微,钧天广乐,帝之所居。于是浏览亘数里埃及以来名雕,及于西司丁耐寺,览米该郎楫罗毕身之工作,又拉飞罗、薄底千里庄整之壁画,无论其美妙至若何程度,即其面积,亦当以里计。以观吾国咬文嚼字者,掇拾两笔元明人唾余之残墨,以为山水,信乎不成体统。又有尊之而谤詈西画者,其坐井观天,随意瞎说,亦大可哀矣。第三日乃参谒摩西,大雄外腓,真气远出,信乎世界之大奇也。游国家美术院,多陈近世美术,得见避世笃而非椎凿,高雅曼妙。尤以绥赣底尼《墓人》,为沉深雅逸之作,以视法负盛名之步追尔,超迈盖远过之。又见萨多略之两巨帧,证其漂渺壮健敏锐之思与德之史吐克异趣。蔡内理教授为爱迈虞像刻浮雕数丈，虚和灵妙，亦今日之杰，皆非东人所知。东人所知，仅法人所弃之鄙夫，自知商人操术之精，而盲从者之瞆瞆也。

既及邦卑古城而返法，恋恋不忍遽去，而又无法多留几日也。

境垂绝，只有东归，遂走辞达仰先生。先生卧病，吾觉此往殆永别，中心酸楚，惧长者不怿，强为言笑，而不知所措辞。惟言今年法国艺人会（所谓萨龙）征人每幅陈列费八十法郎，是牟利矣。先生喟然长叹曰："然。"余曰："余今年送往国家美术会，凡陈九幅。"先生曰："亦佳。顾耗精力以求悦于众，古之大师所不为也。"余赧然。先生曰："闻汝又欲东归，吾滋戚，愿汝始终不懈，成一人中国人也。"余因请览画室中先生未竟之作，先生曰："可。"余之苟有机缘，当再来法国。先生又勉勖数语，遂与长辞。先生去年七月三日逝世，年七十八。

余居法，凡与达仰先生稔者，皆得为友，如Muenier、Amic、Worth等，俱卓绝之人也。所谈多关掌故，故星期日之晨甚乐，今惟Muenier存矣。倍难尔先生，一世之杰也，曾誉吾于达仰先生，今年已八十余，不识尚能相见否。吾营若丧家之狗，魂梦日往复于安尔波山南北之间，感逝情伤，依依无尽也。

吾归也，于艺欲为求真之运动，唱智之艺术，思以写实主义启其端，而抨击投机之商人牟利主义，如资章甫而适诸越，无何等影响，不若流行者之流行顺适，吾亦终无悔也。吾言中国四王式之山水属于型式美术，无真感。石涛、八大有奇情而已，未能应造物之变，其似健笔纵横者，荒率也，并非真率。人亦不解，惟骛形式，特舍旧型而模新型而已。夫既他人之型，新旧又何所别？人之贵，贵独立耳，不解也。中国之天才为懒，故尚无为之治。学则贵生而知之者，而喜守一劳永逸之型。

中国画师，吾最尊者，为周文矩、吴道玄、徐熙、赵昌、赵孟頫、钱舜举、周东邨（以其作《北溟图》，鄙意认为大奇，他作未能称是）、仇十洲、陈老莲、恽南田、任伯年诸人，书则尊钟繇、王羲之、羊欣、爨道庆、王远、郑道昭、李邕、颜真卿、怀素、范的、八大山人、王觉斯、邓石如。

吾欲设一法大雕刊家骆荡博物院于中国，取庚款一部份购买其作，以娱国人，亦未尝有回响。盖求诸人者，固难以逞，吾求诸己者，欲精意成画百十幅，亦以心烦虑乱，境迫地窄，无以伸其志。虽吾所聚，及已往之作，亦将为风雨虫鼠伤啮尽。念道旁有饿死之殍，吾诚不当责人以不急之务。而于己，又似不必亟亟作此不经摧毁之物，以徒耗精力也。而又无已。

吾性最好希腊美术，尤心醉班尔堆侬残刊，故欲以悒恍之飞弟亚史为上帝，以附其名之遗作，皆有至德也。是曰大奇，至善尽美。若史各班史、李西泼、泼腊克西戴尔，又如四百年来落南·费音楼、米该郎楫罗、拉飞罗、帝襄、伦勃郎、范拉司该、鲁彭斯，近人如康斯推勃、吕特、夏凡纳、骆荡、达仰、初伦、索罗兰，并世如倍难尔、避世笃而非、勃郎群皆具一德，造极诣，为吾所尊其德之至者。若华贵，若静穆，再则若壮丽，若雄强，若沉郁，至于淡逸冲和、清微曼妙，皆以其精灵体察造物之妙，而宣其情，不能外于象与色也。不准一德，才亦难期，大奇之出，恒如其遇。而圣人亦卒无全能，故万物无全用，虽天地亦无全功。吾国古哲所云尊德性，崇文学，致广大，尽精微，极高

明，道中庸者，其百世艺人之准则乎？

若乃同情之爱，及于庶物，人类无怨，以跻大同。或瞎七答八，以求至美；或不立语言，以喻大道，凡所谓无声无臭，色即是空者，固非吾漂渺之思之所寄。抑吾之愚，亦解不及此。苟西班牙之末于斯干葡萄，能更巨结四两之实，或广东之荔枝，可以植于北平西山，或汤山温泉，得从南京获穴，或传形无线电，可以起视古人，或真有平面麻之粉，或发明白黑人之膏，或瘆虫可以杀尽，或辟谷之有方，或老鼠可供趋使，或蚊蝇有益卫生，或遗矢永无臭气，或过目便可不忘，此世乃大足乐，而吾愿亦毕矣。

旅欧记行

廿二（一九三三）年岁始，余应法国国立外国美术馆之请，赴巴黎举行中国绘画展览。航海而往，第三次矣。顾此次所乘法舟安德烈·勒邦号之副船长德隆先生，特与吾友善。舟至印度洋长距离之间，T先生谓："艺术家对于机械殆乏兴趣，虽然，舟中之一切布置，限于地位，须极度经济，正如一大交响乐。且舟中乘客，虽一二三等，居处自若，却未知烧火工人生活，盖巡览一遍，余任向导。"余闻之而喜，即偕约同行者四五人，随T先生参观。则舟中咸水淡水冷热水之置管，一切电器之衔接，气象所指，历程所经，时局变迁，商情起伏，凡有便利，靡非人为，纯乎一城市设计，而不容有一隙闲地者也。方之世界五七万吨大舟，此仅二万四千吨之中型耳，其结构精密完美已如是。而此类造船师有多量杰作，流行于世，世人身受其惠者且不可胜计，顾其名不为人所知，亦无人询问其名者。而末世之艺术家，画几枚颠倒之苹果，畸形之风景，或塑长头大腿之女子，便为有功于文化。两两相较，其道理不特恒人所不解，即不佞亦深为惶惑者也。惜此类艺术家，无是机缘，令之一度自省也。

既及下层，热气如炙，火焰熊熊，殆是地狱。工作者虽多

华人，白人亦有，安于故常，视之若素，匪如吾人乍临此境，中心震悸，不能一朝居也。境况热烈如此，益以发动机奔腾之声，隆隆倾轧，百音相合，烧火白人，或啸时下之调，亦有吭声放歌者。既见T先生率客而来，即为敬礼，T先生随手答之，谓余等曰：君等必以此为地狱矣。良当，然试立此处，固得凉风调剂，其苦不若想象之甚也。盖巨炉之旁，上设透风筒，其下方丈之地，穆然有风，咫尺之间，炎凉大殊，故人能长期工作，否则将成烧烤熏炙之厨，纵有耐苦之华工，亦必不胜也。

法Borrey旅长，昔为袁世凯顾问，居中国多年，识中国名人颇多，今在巴黎为记者，以其经历丰富，人亦重视其文，讯知吾至巴黎，即来造访。其人豁达真率，为一标准法人性格，余且叙且示以展物数种，彼即记录，索照片多种而去。不数日，彼即写一洋洋大文，益以齐白石《双鹊》，及吾之《九方皋》幅插图，载巴黎销行最广之一报……因消息为独家所有，各报遂生妒忌。厥后又有中国之世界通信社记者某君，无端将不佞乱恭维了一阵，法文复不甚佳，致令法国同事气沮，至于失欢，多方掣肘。且幸画展开幕后，轰轰烈烈，全欧报章均有记载，计其份数必超过一万万。十法郎一册之目录至三版绝版，洵是意外之幸。故天下事有好意反得恶果者，不可不慎也。

余之为德国展览也，其动机由康普先生（Professeur KAMPF），德国人奉为德国精神者也。KAMPF字义，释为战争，德国新派画家惮其严肃，颇不喜之，顾为之语曰：无战争，亦即无胜利。其心钦之又如此。柏林美术会既延我展览作品，遂大遭博物院长枯某之忌。枯某党员新贵，炙手可热，而彼主持中国近代画展者也。吾展适在其先月余，中心大恨，而无可如何。即柏林美术会，亦惟知尽其任务，沟通各国艺术而已。各刊物对之，极为同情热烈，盖初次见中国近人之画，未必拙作果臻美善也。

丁文渊先生与鲁雅文先生，皆尽力于弗郎克府中国学院之开展，坚约吾赴彼展览。而吾柏林展后，急于至意大利为米拉那之展。廿三（一九三四）年一月竣事，即返弗郎克府，未竟，又赶往罗马，仆仆于道，维时三月，而莫斯科、英伦两处又请往展，而皆欲在五月。丁文渊先生知吾将有罗马之展，即以函件径寄意都。于是吾在街头或博物院中，仿徨不遽决者可一星期，因罗马、英伦、莫斯科，只能举其一，而必弃其二，重要相等，抉择綦难。卒以苏联既以国家招待，请而不往，则他日欲去，反为不妙。因决放弃罗马、英伦，而应苏联之聘，赴莫斯科。

在离意大利之前，曾偕碧微、吕君斯百、沈君宜甲至水国范尼史访意大利最大画家帝笃先生，蒙导观所作。时先生年七十三，作风雄健飘逸，尤光彩焕发，不愧为范尼史派帝襄、范乐耐、丁笃来笃、帝爱波罗之承继人，与畅论当代艺术趋势。先生曰："往者吾意大利有非冷翠派、范尼史派、罗马派。西欧亦有弗拉孟派、法国派、德国派等。各葆其不同之性格与作风，是以有趣。今之新派，至东西南北之作者，皆出于一型，且不论其美恶，抑其得失，吾未敢言也。"范尼史在欧洲，以产精巧手工艺品著名，因参观其镶嵌画学校，以近世绘画为威之镶嵌画别饶韵致，惟不知尚能继承其已往光烈否。

意大利近代最大雕刻家避世笃而非先生，在一九三三年八月逝世，吾至意时已不及见。惟心钦维克托·伊曼纽尔二世伟像下一周高刊作者蔡内理教授。既返罗马，因约岳仑先生，同往访Z先生。岳君在法习雕塑，颇著声誉，今弃业为罗马大使馆馆员，亦人生伤心事也。Z先生时年六十余，壮健无比，其掌如巨灵之掌。与人握手，几非手之感觉。先生曰："建国意王像旁云石高刊，余工作凡十四年而成。"其每日操劳七八小时，所用铁锤重二十斤，宜Z先生有此手也。其人谈吐笃实，不似近世意大利人，作品甚多，令人咋舌，盖雕刻非画之比，艺既精妙如此，又产如此多量，安得不心折耶。

吾生有幸运之时乎？无有也。有之则自意大利极诺凡起程，经希腊、土耳其、黑海而及俄南境Odessa城，十二日海道中矣。时当春令，日暖，道经雅典，更得巡礼。梦寐半生，获偿夙愿，谓非人生最大幸福乎。

世界文明最辉煌昌盛智慧之神君临之雅典，诚使人系情无已。尤以吾之匆匆过此，须集合一切已往及未来、散布或蕴藉、并搜刮至于魂梦所耗之精神，以消受此短促之幸运。食饱上岸，不令损失片刻光阴也。

雅典距海口十余里，尚须坐几十分钟火车，且幸未需久待。即入城，觅著名之雅典博物院，如逢旧雨，握手言欢。又见近日出土尚未发表之物，如前二世纪小渔夫，铜铸之阿波罗等，亦皆惊人杰作也。各国虽皆设考古学院于兹，今自任工费，仍得请于希腊政府，准予发掘，但发掘所得，概须呈缴雅典博物院。惟注明为何学院各人所发掘得，名誉而已。琳琅满目，举凡荷马时代器物，再溯迈锡尼，直及上古克来忒岛一切壁画及用具等等。博丽丰繁，灿然咸备，匪如吾国典章文物，俱莫可依实物考证。同为世间最文明之古邦，希腊仅昭苏百年，文献足征如此，吾国学者，正宜加紧工作也。

即整饰衣冠，赴安克罗波高岗，参拜班尔堆侬古殿，在电车中仅十余分，似神明已与阿西娜相接。既达，盘旋而登。岗下多橄榄树，簇簇成林，渐及殿门，觉惠风习习，似闻上界笙歌。而云车风马，白光皑皑，随护此龙钟老叟，苏格拉底、柏拉图、亚里士多德相迓然者。既而崇高之庄严之古殿，昭然涌现，高柱崔巍，皎如玉树，幻象旋失，忽得真吾，又惊真吾。真到此间，真到此间，死也无憾。

岗上殿旁，尚有一博物院，专陈本岗古迹，如前五世纪现存班尔堆侬残殿未建时为波斯所毁之古像柱础，陆续发掘得者，及现殿残迹。流连全岗，攀登坐卧，窥按摩娑，及于四极八荒，上天下地。

人言近世希腊人不足与古希腊人比拟，吾此次行色匆匆，便有飞弟亚史、波留克列特斯，亦不遑拜见。惟觉到处问路，均蒙人殷勤指示，洵然大国之民，亦殊可敬慕也。至于米罗女神、斯巴达武士，度尚有之，惜过路者为时间所限，或竟交臂失之，未可知也。

吾在极诺凡行前，得熊式一君自伦敦来电，坚求吾为彼将刊行之《王宝钏》作图。余复言视兄运气何如，我将尽力为写三幅至四幅。因吾计舟行十二日，或得闲为此也。讵此行乃极妙之旅行，每日抵一城，如那不勒斯、邦卑、西西里诸市，皆极饶古趣，概须登览。及亚德里亚海、爱琴海间，又遇风浪。既抵雅典，翌日将抵土耳其故都伊司当部，复有预备工作。直及达到苏联之前两日，至罗马尼亚，因此邦与苏联国交未复，赴苏联者不得在彼登岸，而舟停一日，方得能为熊君服务，写得三幅半，以一幅未设色也。

康南海先生曾誉康斯坦丁堡，即伊司当部，为世界最据形势之都会，信乎不虚。自经达达尼尔海峡到此数百里，负山临海，雄都扼险，真有龙蟠虎踞气概。既苾止，则市廛繁盛，女子抛头露面，一若西欧大城，雅造之邦，无复神秘色彩。意欲赴回回馆吃点心，及饮地道土耳其带粉咖啡，未果。匪必因人地生疏，因欲浏览之处太多，竟未进饮食。

世界现尚据用之建筑物称最古者，当推圣苏非教堂（*五世纪物*），亦东方式最伟人之环拱式也。中建置四方柱，壮固无比，以为四达环拱立基，故教堂顶外形圆圈重叠，有如泡沫，吾故号之曰泡沫式。建筑学者，谓此式起于古安西里，及于小亚细亚。今罗马之万神庙，此式最古者矣，但其面积，殊不足与圣苏非教堂方比也。

土耳其近古以来大建筑，如安赫梅德寺，皆守此式，其四角且建高塔，尖耸入云，益增气势，盖便于瞭望，犹封建时代之建筑也。顾以之为庙，觉太畅朗，神固不来，设神果来，亦必毫发毕显，靡有隐匿，与后此戈的克式精神迥异已。

土耳其旧京博物院，除出土不久之西力桑特大石椁（*实泛希腊派三世纪物，并非大王椁也*）为世界美术史上瑰宝外，藏有多量之东罗马时代（*拜占庭*）雕刻古器等等。最后一室，则悉陈中国瓷器，精品颇富，俱系康乾时代物，殆满洲帝王与回教苏丹馈遗之礼物也。闻尚有十余大箱未打开之瓷器云。

远望一岗，宫殿嵯峨，盖当日苏丹夜御一女叙述一千零一夜故事秘部，未能往观。

由土旧京伊司当部入黑海薄司福峡——以罗马古堡名者也，蜿蜒约二十里，宽一二三里不等，两岸平山，林木蔚翳，触目皆层楼高阁，殆是人间天上，皆当年苏丹宠臣之别墅也。错落相望，连续不断，民脂之府，当日仙林，今政府悉以充公，亦快事也。

计吾生平最扬眉吐气之日，当为居留莫斯科与列宁堡之三阅月矣。吾与之全副热诚，而得其作家及大众充分同情之报耶。世固有违乎此例之实。要孟子所谓爱人者，人恒爱之，敬人者，人恒敬之，必是正理也。吾居苏联两首都，几尽识其造型艺术大家，叙其趣闻，亦资谈助。梅枯洛夫先生者，为今日苏联最重要之雕刻师，居于莫斯科近郊深林之旁。其人魁梧奇伟，虬髯丰发，与眉目俱深黑，年五十余，与吾相识，方在其病后。盖有仇家三人持械入其乡居袭之，梅倒一人于地，革其一，又一人开枪贯梅腹，梅夫人大声叫喊，家人与邻合咸集，凶手就逮。梅先生治伤，两月始愈。先生豪情爽气，心直口快，生平不好名，从不发表作品，作品亦不署款。少年时留学西欧十年，故识骆荡等前辈，亦工文学。余往访时，方自叙其生平未竟，蒙以法文译示其中一章。梅在西欧留学时，辄好古埃及人坚硬花岗石作品，心究其术，时试琢之，流传于外者颇多。帝俄时圣彼得堡贵人，与莫斯科巨富，俱以巴黎为文物渊薮，辄至其处，尽其精神物质与肉欲之享受。故法国画商，有专囤货品备特列恰可夫等人采购者。大革命后，梅居莫斯科，尽瘁艺术，乃有批评家某专为文毁梅，初不措意，久之人具知某之无聊。一日某艺术团体张宴，梅先生与某俱在座。某自觉窘甚，乃就梅先生谈，耳言曰："月前曾得埃及古帝国期残刻人像一具，绝妙。盖出自特列恰可夫收藏，可供先生参考，盍来敝寓一观。"梅应之，订期而往，谛视此作，已置佳座，某意甚得。梅先生乃言曰："此作于某年某日，卖于巴黎某肆主人，梅枯洛夫大师某时代之手迹也。幸蒙先生夸奖，再见。"言竟而去。

梅先生爱制面模，苏俄近数十年来名人逝去，梅必为制之，从真人面上脱下，不啻真人也。美富豪某，欲以数十万金购彼此项作品，梅笑却之。余因请其托尔斯泰及列宁两模，蒙于两星期内制赠，故中国公然保有列宁真像者，余殆第一人矣。

梅先生之园，可八十亩，中置硕大无朋、颠倒横竖之花岗石无数。受政府命造像工作，预计十年内不能毕事，其所延助手且十余人。苏联最重要之列宁及斯大林五丈高之花岗石巨像，其手迹也。梅先生园中多白杨树，闻此树在四五岁时，于春间离地三四尺，开一小孔，消毒后，以瓶口承之，日可浆一瓶，含重要之生活素甚多，饮之延年。一树每年取浆十余次，并无妨碍云。梅先生伉俪且言，倘吾早来一月，当同尝此甘美无比之饮料，余笑谓虽未得饮，闻此殊快意也。

列宁堡有老画师李洛夫先生者，当年写《绿舞》得名，其为人诚挚笃实，人乐亲之，尤为同道所爱戴。前年苏联政府将一切关于大革命红军战迹之画，展览于各大城，及列宁堡，此展之主持者与参加者，咸请李先生出品，李莞尔答曰："诸公皆写红军战迹出品，余所写皆系风景，与题无关，奚能出品。"众强之，竟携其一作陈列于会，有人怪而诘曰："此幅风景，奚关红军？"执事者应曰："君不见此板屋乎，此屋后便是红军。"人闻此答，甚为满意，大笑而去。先生曾延吾至其家，倾谈半日，其诚厚之风，允使人不能忘。

苏联最老辈画家，其艺又最精卓者，吾深服念斯且洛夫先生。先生潜心宗教，当日俄国大寺壁画，多出其手。革命后政府反对宗教，将其作品用木板掩蔽，虽未毁坏，而人莫由得见。念先生兴感已竭，苦闷颇深。余因名画家葛拉拔先生之介，往见之。即询吾当年与法、德艺术家之关系，尤于达仰先生之关系，为彼所乐闻。示吾近作诸人像，皆精力毕集，当世作家可与颉颃者，盖极少数也。埋首作画，厌闻世事，以与时凿枘，故绝不以所作出陈。但苏联中年画家，莫不知此老健在为泰山北斗。政府欲购其作，不可得。前数年，其后辈某君强以其作画家樊司耐差夫像出陈，并请其定价，念先生因定一极钜之价，过于寻常价格十倍者。苏联政府竟购之，陈列于美术馆。翌年，某君又以先生自画像出陈，政府又购之，价钜一如上作。去年春季，余在中苏文化协会，晤及苏联文化协会代表萨拉柯切夫先生，叙莫斯科最近艺术运动，言苏联政府坚欲念先生展其所作，念先生不允。谓近作惟人像而已，不足代表其精神，使者固强之，乃陈其近作，大小十六幅，政府遂悉数购之，任其如何定价云。孔恰罗夫斯基，苏联今日最著名画家之一也，去年举行作品展览，既观念先生作展览，乃更易其展内容，以避锋芒，其为人所重视如此。人生暮年遭长期之窘困，可谓不幸，乃剥极则复如是，诚当喜出望外。倘天不与之年，亦徒见其悲愤困厄而死耳，尚何言哉。苏联主持艺术者之不避嫌怨，惟崇真艺之态度，与其苦心如此，诚令人感奋至于泪下也。

　　列宁堡于夏至前后一月内，终夜明朗，不需灯火，号曰白夜。吾为艾米塔什之展，适在此时。冬宫博物院者，乃世界四大博物院之一。原已极大，今又益以著名之俄帝冬宫，故东西之长，约二里，尽用以陈列俄国以外各国之美术品，因大革命后没收逆产无数，故须极度扩大也。中国美术之展，即在冬宫举行，吾因得于无尽之黄昏中，徜徉涅瓦江头，或饮食于水上饭店，悠然意远，长夏清和，不知暑气。三年前之今日如此，而世变漫无纪极，抑不知三年后之今日又如何也。

游英杂感之一

范中立以后，世界第一风景画家，应推十九纪初英国康斯推勃矣。其艺一秉自然，笔意沉着，色调苍郁，其人物牛马之布置，尤错落疏密，恰到好处。其作风阔大雄奇，而且精意，望之如不甚费力者然。（其影响于法国画派最大，特拉克罗幻专为其画，作英国旅行。）若《禾田》一幅，林木幽密，群羊过树荫下，一童卧饮泉流，禾初熟，据幅之中，作艳黄一色，至善尽美。又如伦敦市政府美术陈列所《风雨》一幅，如此创作，殆旷古所无，其手腕之强烈，将与造化同功。惜其作品，他处少见，伦敦藏者，以国家画院者最精，次之维多利亚博物院（其画数百幅皆在此处），泰忒画院，亦有十余幅。吾每过其前，辄徘徊不忍遽去，诚哉其易人深也。

至若浑茫浩瀚，气象万千，光辉灿烂，笔参造化者，则与康斯推勃并世之吞纳！吞纳英国画派之巨星，亦近代画派之太宗。吾恒比之诗人李太白，而康则杜甫也。泰忒画院藏其杰作三大室，其巨帧如《Hannibal越安尔泼山》《雪崩》《纳而逊之死》……真如司空表圣所云，天风浪浪，海山苍苍，真力弥漫，万象在旁之气概；或长虹远亘，或落日萧萧，或海市隐约，或轻

帆荡漾，或阵云深锁，或老树参天，间以英雄、美人、水兵、骑士，是现实之神话，惊怖之历史，要之绘画中所有壮丽一德，吞纳造其极矣（吞纳一生最用功，其画稿有一万五千纸，皆摹写真景，故能心领宇宙之变，而从容出此）。

英国派中之第三位名家，吾私意窃愿举密赍。其作以全体言之，颇厌琐碎，但Ophelia一幅，写一艳尸浮于清泓，水流花放，鸟鸣宛转，极沉深幽奥芬芳冷艳之致，且其画术，乍观之，惟惊其细，细审之，凡水藻沉湎隐约之处，俱不可拟。盖先研精此术，完成后，方以画试，而得造此画中之一奇也。一如意大利绥赣底尼之夕照，不可拟也。彼浅见之夫，曷足以语此。（莎士比亚诗中人Ophelia）

若其《出狱》一幅，章法色彩，亦臻上乘，但作法则近魔道。天下事有宜置于此，而不宜置于彼者，有用其道，终身未得一当，而见笑于洴澼洸者，密赍曾得一当，曾造一奇，可以不朽矣。

世之风景画家，不可不来英巡礼，吾之来，原为研究希腊美术，而深幸得此意外之获也。（吾于一千九百十九年曾来英观画院，其时适际战后，英国宝藏，惧德飞机炸毁，皆匿置他处，故吾未得见。）若大英博物院……俱大地之宝，又如希腊古陶、中国画、日本画、安西里浮雕、国立画院中之意大利、西班牙杰作，维多利亚之七幅拉飞罗织画稿（织画藏意教皇宫），Wallace collection之伦勃郎、哈尔斯及法国Decamps杰作，皆他处不可见也。世人皆以为法之收藏，胜于英，吾今知其非也，愿与吾同好者注意及之。

从意大利到莫斯科

三月初，因弗郎克府中国学院坚请，往展览两周，此事颇难，意义重大，非面谈不尽，得极美满之成功。（在国立博物院内举行。）同时罗马、英伦、莫斯科三处，均在筹备中国画展。最可笑者，为英伦，初由郭使动议，议定后，乃觅不得陈列所在，此事尤杂，更非面谈不尽。而莫斯科必愿在五月举行，因俄京气候，春去甚速，六月即暑，一般作家与醉心美术者，便去乡间工作，画展虽举，失其效用；意政府则拨Caleria Borghese为展览所，乃最理想之地址。惟探听意俄交通，一月只有一舟，航行于极诺凡与恶代煞之间，若举行罗马，则赶不及莫斯科，弟东归大成问题。世间只存一郭解，奈何冒昧。幸彼飞隼，载飞载止，踌躇三日，乃决放弃罗马之展，殊深惜也。但以是因缘，得向班尔堆侬巡礼，又得莅伊司当部，一进圣苏非教堂，亦生平之幸也。

兄等致身文艺，度未能忘情于此两地。我虽沦落，半生精诚，竟蒙帝佑，游踪所及，得循飞弟亚史、米龙故武，而登Acropole高岗，凭吊纪元前五世纪强盛之希腊。愿兄等信我，大地最Impressionant之处，当无过雅典之Acropole高岗。

弟笔拙劣，不足以描写如此圣地，庶几列子、屈原、相如、司马迁或李白、杜甫，至少陆放翁、黄公度之伦，方克从华文中，觅着相当字句，以形容其仿佛。我所能举告者，则当日Forum夕阳Elir月满，晨光熹微中之孔陵，望长城于南口，皆我毕生所不能忘之景象，俱不克比其万一。尔时情绪，则美术宗教神话哲学诗歌历史，混为一团，充塞脑际，而弟方倚班尔堆侬之一柱，远望落日，从Pere海中渐渐下降，大宇凝辉，长空一色，Parthenon皆用Paros最洁白之云母石造，天衣无缝，崔巍古殿，玉洁冰清。（弟拾其碎石数片，他日可奉示。）历二千四百余年，遭轰炸几回巨劫，仍屹然矗立，妙相壮严，亦有野花，离披足下，呜呼噫嘻，兄之思，弟之感慨，为何如耶？

班尔堆侬之下，即有一博物院藏本处残刊，舍Glgen未能携英（百年前）之诸浮雕外，尤有新从最古一层内，发掘出飞弟亚史指挥前之毁于波斯之班尔堆侬古刊多种，充满古趣。

兄等当已熟见其印片，尚有国立美术馆，藏宝物无数，布置极佳，此时正在扩张，以出土之物多也。希腊严禁古物出口，各国学者，虽得在其地举行发掘，但所得仍归该院保存，所见多种古刊，下注法国学院掘得字样。

吾人当日漫游全欧，能养皇宫，罗马干比笃尔，国立博物院，拉奈，郎武波里博物院，非冷翠之乌非楼宫，法之鲁勿尔，大英博物院，柏林博物院，门醒博物院，以为希腊重宝，分据殆尽，不谓其宗邦尚有如许之多也，文明灿烂，真可惊羡也。

希腊沦亡两千年，今独立才百年，当日Zeur、Apolls、Athena、Poreidon、Heracles等等Tgkes，弟曾未之过，殆不可遇，地以按尽，时呈旱灾，但雅典街衢整洁，造林数处，木已成阴，不必溯其历史上丰功伟烈，吾思他日中国，登衡山之上，南望桂林，北指江汉，犹拥人口七千万，封疆巩固，内治修明者，则视希腊之终不亡，亦可羡也，但吾今日尚栗栗危惧，不自信也，以致亡之道大备，而争存之方未具其本也。

土旧京伊司当部形势之雄壮，真不愧天下第一名都，无怪雄才大略之公司但丁帝控制欧亚，尊都于此，港峡萦回，居民亿兆，秋寺相望，尖柱入云，气象万千，太番新命，回教废，国贼杀，野狗去，苏丹逃，红帽一丢，面幕撕下。同心协力，从事生产，民识字，人有喜色。弟游其博物院，地段清幽，建筑宏壮，收藏丰富，布置井然，与西欧大邦无殊。其重宝当然以 Sortopkage I.Alercaulre 为第一，纪元前三百年物，一八八八出土于 Sidon，希腊雕刻存于今日最完整之宝也。又藏希腊熟土制备无数。罗马古刊，不胜枚举。弟所注意者，尤为 Crete 岛出土一立狮。安息古刊，另藏一院，皆最古难得之物。中国玉器瓷器，亦有一室，智人工作，毕竟高妙，色泽娴雅，形式华贵，任置何处，俱站得住，邂逅相遇，我心写意。

数月以来，满眼俱是戈的克式、文艺复兴式建筑，前巴黎圣母寺、史太师埠、米拉那、非冷翠、罗马圣保禄、圣彼得等，亦已极神秘幽奥、瑰丽堂皇之奇，及游圣苏非之宏畅，乃突然改观，其外形似泡沫，其内则无数环拱，既简单，又坚实，固始信乎建筑之天才也。此寺历千四百年，全部完好，同类之莫司该，尚有多处，每一大建筑，其角必有尖柱，高耸入云，良称气势。

弟于二十四日抵俄京，在一头品顶戴之外交官过我生活，绝

不为奇，推一画家如此，确可说是扬眉吐气，画展定五月七日开幕，地址为莫斯科最宏壮盛繁之红广场，在列宁陵左，历史博物院内，会亘一月有半，一切甚好，但不便细谈，因既不愿撒谎，又恐犯宣传共产嫌疑也。此祝

　　诸兄为学自爱！家庭康乐！

我在印度

廿八（一九三九）年十二月十四日下午三时，在秋高气爽之圣地尼克坦国际大学，吾与谭云山先生及其夫人，方步出中国学院，大学校长Chanta先生，即趋车相迓，抵美术学院，同人咸莅止。院长大画家曩答拉·波司肃客入门，吾等除履于户外，见门庭之中及四角，皆印白花图案，一星期来布置完竣之展览会，灿然出现。入大厅，共参见举世尊为圣人之泰戈尔诗翁，翁年七十九，须发全白，虽不健步，而工作终日不倦，谈笑往往亘数小时，饮食简单，而量不减恒人，其亲爱慈祥之容，能泯灭见者一切贪鄙之念。翁先笑语迎客，厅长方形，宽约十步，长可二十步。光来自顶上，是日集校中研究院长，大学校长，秘书长，各教授及夫人，凡百余人，厅左置一长方桌，罩以本校专家设计自制极为悦目之毡，毡上以盘罐，陈各种香花，长桌与壁之间，安两椅，桌侧面各安一椅，泰戈尔先生肃吾与之并坐于上，坐谭云山先生及夫人于旁两椅，来宾皆席地而坐。吾即开始不安，而泰戈尔先生即致辞："称吾为沟通文化之使者，历述中印文化沟通之重要，并举东方文化之精神，与欧洲人之缺乏此种情形，以演成无穷极之屠杀，故东方人有此任务，以其精神，拯救世界。"

词甚长（当另稿），余答言："承先生以此神圣事业相勖勉，并令我参加此项高贵之使命，为我生平莫大之光荣。自维才智短浅，弥觉渐惧，吾中国喻一完美之教化，为时雨春风，吾初来印度，尚未知其一年中气候如何，若吾中国，在严冬之后，一入新年，便有春风冉冉，间以微濛之雨，于是草木蔚然而茂，鸟自然鸣，花自然香，举世所知圣地尼克坦，便是如此精神境界，吾恒以为此世最少在中年以下之人，咸应一来此间呼吸和爱之空气，沾溉光明之德泽，换言之，即来领受泰先生之布施。在我个人，本应在吾国服务于其艰楚之际，惟于机会之难得，便匆匆稍尽国民责任以后，即应命来到此时雨春风中了。上帝虽是万能，有时亦忽略人类之小趣味，往往在东方长得好的东西，偏偏在西方，西方最需的物料，却又长在南方。例如欧洲人最普遍食品番芋，乃数百年前从南美洲移种；我们的菊花，近顷方植根欧洲，而世界上无比之中国五大香花之一的水仙，听说乃由荷兰迁来，但其在本土，却无如此香味。因此我想我们人类，因料理自己，做些跑腿工作，也应当的。中印两大民族之关系，一向基于非功利及互助精神上，由传统的方式来说，凡来往的人，当带些东西来，还当带点东西去。往古大哲，可不必举，即我们的谭云山教授，便是个好榜样。惟在印度高深博大之文化上，当然他需要人家的东西甚少，所以我个人的希望，乃想带些东西回去的。我们泰先生，早已将其光明之炬，在世界燃起，我们只须本其启示，向前迈进。我虽能力薄弱，但不敢懈怠，永愿为真理努力。至于我们之大艺术家曩答拉·波司院长，布置成如此美备之展览会，于如此恳挚雍穆之集会中，加光宠于我，诚永铭肺腑。"我说完，便有一少女，以鲜美制成之项圈圈泰戈尔先生颈上，并亲其足，以次及我与谭先生伉俪。又一少女，以玉簪花蘸其盒中香粉之浆，印泰先生及吾与谭先生夫人额上。此仪式之高贵华美，又一度令吾惶恐，于是少女五人，人执一事，相继以香花合制之点心，三甜一咸，佐牛乳红茶飨客。诸女郎皆服印度曼妙宛转清丽简雅之服饰，顿觉欧美妇女太重人工，与远东女性披挂，毫无意识，事实俱在，并非耳光亦北京好也。食毕，各自离席，欣赏展览会杰作。泰戈尔诗翁，全印人及欧人之来见者，皆称之为世尊古鲁德阀，是日御广长大袖之黑衣，戴黑帽，略如吾藏画中任伯年所写之白乐天，容色皎白光润，鹤发童颜，信有少陵所谓"汝阳让帝子，眉宇真天人"者，吾必写之，并象其为维摩诘，以毕吾愿也；至吾自己，则着深青粗布铜钮大袖之长袍，比穿西装似乎好看些。

展览会陈画不过大小百余幅，从二千年前安强答壁画摹本起，以至民间画匠之作（即以贱价售其作，品为乡人家张贴者，闻乃数人合作，钩稿者、设色者甚至涂嘴唇红色与填头发者皆由各人分任工作）皆备，令人观览后，得一整个印度绘画概念，其间，如当代艺界文老泰戈尔（即诗人之侄，年与相若）、曩拉答·波司二人乃近代印度艺术之华表，皆有多种精品陈列，以及加尔各答国立美术学校校长Mukul Dey全体本校教授与历届高材生作品，分二十年前及最近二十年以来两大部，俾瞭然于其过程及倾向，正中陈列泰戈尔诸翁之画十二帧，略近我国文人画，惟翁所写人物，尤为别致。此翁天秉独厚，兴趣洋溢，其中最有趣之一幅，乃其文稿之一页，彼以钢笔将涂改之字句，填没而曲折之，远望之成一数龙戏于岩岸之景（**乃我为拟之题，彼原无题**）。印度近世大画家，如泰戈尔波使之作品，专重意境，幽逸深邃，如写黄昏，如月夜，皆能圆满成功。在中国画上，从古至今，仅有抽象方式，而日本画中肤浅之宣染，不能竟其功能。欧洲近代作家，如法国之甘帝、梅南尔、意大利之绥赣底尼，或语清丽之诗，或奏悠扬之乐，均能在画上特辟蹊径，超轶乎尘俗之上，并不需将人写成鬼样，吃不得的水果，可当灯用之动物，与翻天倒地之风景，而始成超现实主义也。

缅甸游记

二十四日（即吾人分手之第四日）昧爽，起视两岸明灯数列，映于深沉夜尽之青黑上，俯视滚滚江流，悉是黄水，略如上海之吴淞口，舟既入港，缓缓前进，盖已抵仰光矣。

饮完咖啡，即披挂与同人登岸，不免有一番检阅护照防疫证书之类例行手续，时天已大明。

出口尚未及大道，忽惊见上帝之败笔！亦生平所未遇！乃有一人（大约十七八岁男子），大踏步迎面而来，其动态步法，全似鸵鸟，因其两足，共得四趾，其足中凹，每趾有甲，并非败坏，实上帝助手，误以鸵鸟之趾，装配其上，殊属不合，应令拿办……姑以人地生疏不管他算了。

一上大街，即面对金塔，灿烂辉煌，风雨不移，遇闰不改，殆无中饱舞弊等情事，自顶及座，全是真金（固然仅仅外表）。及门，一卖花女郎，娇滴滴的，地上堆花，花皆成束，先以不可懂得之语，令吾等解除鞋袜，大家把她打量一番，迟疑片刻，金以为当先觅得友人，定个节目，畅游仰光，不能如此冒昧，轻举妄动，况且赤脚，何等大事……但是摸不着头脑。

即沿塔右转，张君发现了一家咖啡茶店，门前两位黄面执

事，穿着裤子，证明他们是咱们同胞，大家便奔赴此店，以吃茶为名，打听路途，端上几碟点心，颇多苍蝇陪食，医生单君，坚持不食。张君便以最普通国语，询问中国领事馆，西南运输公司……起头语言不懂，原来是福州人，厥后实在不晓得，彼此哈哈假笑，不免怏怏。

另一桌上，聚着三位彪形大汉，身披深黄长布，一人架着眼镜，觉其有向我们解说样子，单君谓闻此地原有某国游方僧，或者就是他了。于是走向他们，堆起笑容，做着手势，近视之缅甸和尚，忽转向其伴，口中支吾，看去似乎表示茫然之意。大家觉得不是话头，付了茶钱，仍向大街走去。不多几步，经过一外国药房，柜中站着一人，中等身材，头发光亮，像是一位广东同胞。单先生先要买药，然后问他是否同胞，那位一面走去取药，转面带笑摇摇头，表示不是，我说这药又白买了！

走近一看：原来那位柜台所遮蔽之下半截，围着一条裙子，买卖做完，他便高声叫密司忒孔。一位胖胖的三十岁左右先生来了，说得国语，自称广东南海人，为我们殷勤通了几处电话，一切问题解决。

我尤喜欢找到了老友王振宇先生，并且知道中国银行，与所有的银行一样，任何节忌都得放假，从此日起，接连三日，为缅甸张灯节休业，适届阴历十月半，入夜将有非常热闹的光景。

方才晓得顷所经过之金塔，不是那回事，仰光圣地大金塔，还在市外，距此两里之遥。

于是我们便会合昊忠信专使，及荣总领事，一行驰车，巡礼大金塔。

市外树木葱郁，道路整洁，远远望见高巍嵯峨，金光灿烂之佛塔，越走越近。

停车处，有英国三道头，北印尤葛儿巡捕多位，维持秩序。大家将鞋袜脱下，置于车中，入寺门拾级而登，遂谢绝围裙之向导，笑却两旁兜售香花女郎，走过二三十家白石年轻佛像店，象牙器店，镀金偶像店，玳瑁梳篦店……尤其花店，算上约一百二三十级，便到塔下。

金塔位于距平地约八九丈高之山坡上，其历史与重量体积，我未尝深究，我想你把他拆开，两万吨的货船，是装得下的，通体贴着金，所以永久不会有古老的容色。

地皆用黑白云母石镶成，极为整齐，塔之贴身周围，围以毫无意识、秩序与计划之无数佛座佛殿。殿之大者，中置以无计划与秩序之年轻白石佛像，其大者高可一丈。有数殿正中，以坚固之铁窗，囚一真人大小重可数百斤之纯金佛，头戴尖帽，面带烟容，身饰各种宝石，尤以驴皮红石为多。闻据现下行市，此金佛之金价，即值数十万元，故不得不囚之铁窗重锁中，而香花特甚，真所谓拜金主义也！

此类殿宇及佛座，高大错落，形式不一，接连无隙，往往佛座后，埋一白石巨佛，斜身遮没，为人瞥见一眉，逼促得令人伤心。惟因其胸前，有一席地，为功德者即建一佛座，先建者似较有行列观念，其后陆续填塞，罔有纪极。大座以石或砖造一长方箱，上耸一尖顶，然后施以金饰，务显雕刻纤巧之能，颇如一件首饰，佛即置其中。倘为贵重品质，便即关以铁窗，历时既久，施主或亡故，则金饰剥落，渐有骨董之姿，故新旧殊不一致。

此言金塔周围贴身之殿宇与佛座也，大小约有八九十及百，并外围即宽广整齐之云母石铺的人行道，阔二丈至三丈。塔不可登，由平地而登塔座之门，东西南北各一。吾等所登之门为正门，故商肆咸集。

人行道外围仍是庙宇，中一例供奉白石年轻佛像，比之小学生上国文课，人人有书册，书虽多，但是同样东西，此处佛像仅有大小差别而已。以艺术眼光观之，尚是初民格调，而无初民率直之生气，盖天下第一呆板文章。亦有一二卧佛，同具最高级之呆板，在此无数殿宇中，有中国人建殿一，佛像貌较俊秀，同人于是自豪。正门及顶处，悬有中国匾额一方，此外沿之庙殿，适如城墙外围，甚少统计学家，做一精密计数。

原有古树，皆为保持，颇有奇形怪状者，有就巨榕盘根之隙纳一佛像者。居然在此类建筑物中，为吾等发见一藏书楼。其第一任会长为一华人。是日会所内，集七八少女，整理各种真伪之花，准备点缀佳节。

此处媚佛，不用香烛纸马一类贿具，细香一烟，燃于佛前，亦不恒见。拜佛者，就吾是日所见，以少女为多。大抵面抹可制糕饼之粉，挽一置于脑后之髻，衣短白纱底贴身小衫，掩其平平双乳，围一长裙，恒淡绿色，赤其双足，而拖着如巨舟宽泛伸张于踵后两寸许之大黑鞋。行时沉默，不言不笑，有携子女而来者。其拜佛也，双手向前，握一束香花，花恒白色，将其轻盈飘娜之身，一扭而委于地，自然安放，如懒坐之态，并非跪下。其身或偏向左，或偏右，如拜者意，佛当无所计较。严缄其口，不宣佛号，亦不诵经，但历时颇久，似以殊为冗长之愿望，向佛祈祷者。其不可及处，则双手举花，不感惫之，当有训练工夫，非同小可。小弟颇为着急，意良不忍，而少女祈祷亦毕，仍是一扭而起，将花插入佛前之痰盂中，安步而出。

至于男子之拜佛，形式便有不同，其跪倒时，左膝曾着地，右足不与之一致，双手举花，口中念念有词，其中不少穿短背心之放恶债阿拉伯人。其不甚可及处，亦在其双手举得好久，往往有一身披深黄色长布之和尚，逼近金佛前诵经，有领导者样子。

吾人巡礼大队，或停或止，滑来滑去（地上往往有油），想到月满张灯夜景，必更可观，于是晚餐既毕，卷土重来。

赤足由西门入，为最壮丽之柱廊，圆柱两列，皆以真金贴饰，每列五六十柱，由下而上，可称伟观。既及塔座，人行道之近塔一面，皆布油盏，星星满地。

有数处十余人集合，头缠白布，击锣捣鼓，吹中国喇叭，又有合唱团，唱时颇整齐划一，皆席地坐着，亦有一和尚为导，团员大半胖子，高声时，颇有动人表情，因其认真，观者不便发笑。其地蚊虫不少，唱者击节，顺手打去。忽然唱止，即燃起息敢烟，吞云吐雾，缭绕一堂，仍不站起，徐苏灵君为摄一影。

最多之和尚，皆是青年男子，体格亦多壮健，口吸息敢烟，做许多闲人所做之事，不能悉述。

中国冬季，即热带最佳节候，缅甸印度之雨落完，天气转变凉爽。仰光除大金塔外，尚有两湖绝胜，曰维多利亚湖，曰王家湖，皆在极繁盛之森林外，而维多利亚湖尤宽，赛舟小者亦多。该地巨富，好建别墅于湖旁，其岸高出湖面一二丈，故尤觉美丽。

邝先生导吾等荡桨湖上，微风习习，已无暑气，夕阳乍敛，装成满天晚霞，嵌入蔚蓝天底，倒影入湖，光胜上下。远处之云，渐渐掠过，在金光上，浮起一层淡紫，愈远愈深，幻为各种鸟兽形状之黑点。此时主宰大地之皓月，正在对方涌现，晕于周围，群以为风兆，亦大佳事。

如此风光，可以无憾，同人便开始担心重庆夜袭，又念此时南宁争夺之战，无心耽赏美景。此时肚子饿，不遑追究结论，晚饭后返市。

竭仰光所有之美味，烧烤于道旁，此类多到不可胜数之少女，总是长裙委地，娇滴滴的，把身子一扭，扭在地上，或离地六寸高之板上，右手捧着面条大葱辣椒酱油之属，撮成一把，往口里送，极是津津有味。吃完将肚子一瘪，从腰间取出几个铜板，挺起肚子，张开两脚拖着大黑鞋，一步一步，有时两眼向旁边一瞥，用菊花指头在齿缝内，排出些东西，高高兴兴，向最热闹拥挤的人丛中钻去。宽广之马路上，距离一丈二四尺高处，结成天网，从网上齐齐整整缀上各色电灯，远处渺然密集，向近展开，直达身后，光怪陆离，宛如置身迷宫。竭仰光所有之舞剧，杂耍，在临时搭起之台上表演，如其白石年轻佛像，有同样之神气。有以老虎为商标之店，在一高台上搬出甚多假虎，有的走来走去，有的尽翻斤斗，向客就叫，此种玩意，引致嘴吃东西之孩子不少。形形色色各种民族，各种打扮，而缅人之特点，仍在不言不笑，雍容静穆。

有一条中国街，商业尚称繁盛，仰光大学中，闻有几位名教授，尤以那位研究中国佛学之英国教授，为有名于世界，惜为时太促，未往参观。动物园亦罗致珍禽异兽不少。一言以蔽之，在文物观点上，仰光不失一美城子，若上帝许减其热度二十五度至三十度，便不难成人世天堂，为此无顾虑、不言不笑、一切希望献诸偶像之民族之极乐世界。

东归漫记

乙丑冬，余由欧东旋，舟经法属非洲东鄙奇薄底。余三过之而未下者也。土人以木筏，满载煤就舟海中，然后背负煤包，向舟燃料仓泻之。日正午，太阳酷烈，暑气蒸腾，舟停无风，热乃不堪。余凭栏下视，蓦然如唐推之游地狱，鼻为之酸，不禁堕泪。盖眼前景物，一体漆黑，人与煤乃不分，惟常有紫间微蓝之光，闪烁而已，蠕蠕然而上下，而回互，其工作不类人为，其境良不类人世。自念吾惟感受流离飘零而已，有时绝粮，一日以后，亦必得食。入冬御寒乏具，受冻难支，但竭力加衣，不循俗样，亦能足温。使帝闻吾怨叹，而令与黑炭易命，吾必跪死九阍之下，而不去也。余沉吟感喟，系情无限，持卷他瞬，不忍终睹。讵不移时，哄然高歌；声澈海底，余惊而回顾，则向不异地狱之黑工，皆跃入水。前者唱于，后者唱喁，丐舟人投钱，彼则争没索之，得则扬示，纳入口中，唱喁又作。其习者，敢攀缆登舟，面丐人资，得则报以高投，从舟上层或次层七八丈跃下，用博一餐。其状皆漠然无忧，淡然无虑，任性之适，随遇而安，能没能泳，亦步亦趋，纯然天民也，乃大羡之。

及舟行抵新加坡，吾乃下工作，遂友许君。余见马来人入污沟中，取秽涆冲凉，高歌刘亮，又大羡之。许君曰：马来人最懒，居恒不事事，惟偃卧长吟，清谈团聚。逮金尽粮绝，乃入山，或赴水，营营一日，弋获有得，则又返其草庐，偃卧长吟。考磐诗人，应逊其药，盖彼生性不竞，天秉康泰。复有富国强兵之鹰人，周防爱护（因有华人），捍灾御患，囤囷不惊，食取随手，风雨任天（风雨乃凉，赤道中天德也）。举大地古今各民族之安逸，莫今马来人若矣。许君又言：其人回教，善接，父母均以此传其子女，其女能以也吸水云云。余姑听之，莫从征验。余居新，舍友人黄君曼士家，一日，门前旌旗飘扬，鼓乐大作，蜿蜒远亘，络绎不穷。余赋诗曰：鼓乐喧哗声澈天，旌旗浩荡飐风前。痴心欲识新娘面，蓦见僧尼一对联。盖其旌幡音乐，皆不辨丧喜也。黄君右邻老翁病笃，其家乃延跳神跳舞。所谓跳神者，赤身戴峨冠，面门外，口中念念有词，随唱随跳，围以三五人，皆据地击钹打鼓，为按节拍，又哼哼作声和之，似野蛮人乐格，亦颇可听，夜以继日，日以继夜。比翁死，则又延其他乐者，鼓吹歌唱。殡后，复延其他乐者，鼓吹歌唱，至哀失乃已。余惟古人丧礼，以哀为止，疾病死亡，既人所不免，而遭者之亲，诚忧伤悼痛，情出自然，莫之或止。而闽粤人能独出心裁，以乐抒解之，诚妙法也。夫礼亦何用，用制人情耳，人欲莫大乎闻乐，人患莫过乎死亡，使有术焉以调剂之，是弥天之憾也，又何间焉，噫嘻。

南游杂感（节选）

桄榔树

余往返欧洲五六次，皆过香港，未获机缘，一莅广州。一九三五年秋，因赴桂，乃假道于粤垣。得郑先生子健、子展昆季导游，凡粤中名产，因时尽尝；羊城名胜，几乎饱览，颇恨相见之晚。略记其桄榔树一事，聊存回忆。

桄榔树，近乎棕树，涕泣涟洏，不甚美观。其叶形式不工整，其枝错乱不挺拔，其结子下垂，蓬头脱壳，厥状拖泥带水。吴昌硕写之，必能酷似者也。粤语以树名近管郎或关郎，故有"关郎一条心"之谚。粤人秉性勇敢冒险，其少壮者，恒去其乡里，舍其妻子，涉重洋谋生，往往历久不返，消息渺然；闺中少妇，计日生愁，望断天涯，系情魂梦，操贞抗节，一意所天。燕婉之私，堕欢莫拾。或昔日之呱呱长大，生计萦怀；或堂上之翁姑老耄，死亡可惧。投卦问卜，祈祷皆穷，于是启其秘箧，将夫君昔日围腰之带，缚之于桄榔树上，并贴纸马，促其归程。泥首至地，倾诚祝告。其词哀艳，余凤闻之，许地山先生知之尤详。词曰："信女某门某氏，今因氏夫某某，出外营生，敬求桄榔爷，加以庇佑：在外衣食充足，起居平安。不许其拈蜂惹蝶，多生枝节。发财以后，早日还家。信女某某再叩。"

余见观音山侧一树，系带无算，既写其形，并题小诗：

郎心管不住，徒有管郎树。桄榔如棕乱纷纷，形如涕泪涟洏注。亦有枝叶向外发，参差无理亦无格。披头散发若鬼魅，有女虔诚求之切。从知粤妇最多情，粤郎佻达弃之频。遗条束带复何吝，无奈灵树终无灵。

当日殷勤藏郎带，明知离别良无奈。不恃颜色不恃情，任郎自由行天外。祝郎货利日日增，愿郎心坚亘天地。不望阿郎满载金银回，但愿归来食贫相守不相弃。

痴心天涯少年妇，空闺思念行人苦。一年半载甘心守，两年不得郎消息。访尽瞽巫祷尽神，海天莫识郎踪迹。开箧启视郎身物，中心呜咽如刀割。此物当日系郎身，思郎不见久沉寂。忍将持去系树腰，郎归不归带先凋。带先凋，永寂寥，思妇之心千里遥。

桂　林

山水甲天下之桂林，非身历其境不能知其美。其崖壑幽深，群峰屏列。布置既煞费经营，工程亦极为浩大。尤于数百里之清水，明朗如镜，环绕城侧、宽广三里，澄碧漾漾，映照万类。可以就饮，可以就浴，故桂林之山既奇，而漓水之清，应名太清，至于不能更清，虽欲不曰天下第一，不可得也。

苦心经营工程浩大者，言当年之大六也。实则天才，应归

之于造桂林城之人，临漓水，依群山，围独秀峰，凿镜湖。吾在独秀峰上观落日，羊山环列，清流映带，晚霞亘天，金光远射，几乎如人述北京耳光，为大地莫能有之妙。此其上下左右，四面八方，浑成和谐大自然之美，不能割去其一节。故摄影不能寄其美，而桂林山水甲天下，终不能否认也。

土耳其旧京伊司当部信美矣，山逊其奇；雅典有安克罗波高岗，去水太远；特来斯屯美矣，而与山水若不相关；非冷翠美矣，安尔那焉有漓水之清？至于杭州、成都、福州，虽号为名都，皆去之远甚；若北京、南京、巴黎、伦敦、罗马、柏林、莫斯科、东京、列宁堡，或有古迹，或有建筑，俱为世界所称道，但以天赋而论，真为桂林所笑也。

世间有一桃源，其甲天下山水桂林之阳朔乎？闻女娲氏遣其侍婢姎㜺，至天南取彩石。既运至，女娲嫌其太黑，怒而不用，命弃去，姎㜺匆匆掷于阳阿，散之满地，劳而无功，自悲命乖。啜泣连日，泪流成河，即今阳朔一带地。姎㜺亦怒，掷其石于远处，并石屑亦散之，而为漓水之神不返。故广西多磁硝之山，不毛之地。

桂林至阳朔，约百廿里，舟陆可通。江水盈盈，照人如镜，萦回缭绕，平流细泻，有同吐丝。山光荡漾，明媚若画，真人间仙境也。时花间发，鸣禽赓和。如是清流，又复有鱼。于是渔者架木筏，御水鹰，发号施令，杂以歌声。又有村落历历，依傍山水，不过五七人家，炊烟断续，长松修竹，参列白墙。姎㜺所砌假山遗迹，近水处触目皆是。村人或以之为砧，或以之为岸，空灵透澈，人间罕见。其地产竹笋，甘嫩肥美无比；又产香菇，味绝鲜，皆长年之药。其芋种于荔浦者，大如斗；树结丹果，累累无数，有如落霞，北方人所谓柿，含维他命最富者也。舟次阳朔，流连不忍去，宿于江上。妩姗入梦，要我久留。奈尘缘未断，又复出山。对此仙人，有深愧也。

广成、赤松皆南人，应老子之约，居广西者多年。老子之居，吾曾谒之，不若其徒七星所居之大而深邃。其徒旧居甚多，皆在桂林附近，今皆舍去，诚天下洞府最多之处矣。水泥工程皆极浩大，堆砌亦极工整妙丽。自宋以来，为人发见，题诗纪年，留名刊字者，代不乏人。载诗载屁，坚固不坏。往往临流映带，极其清幽。若象鼻还珠等洞，最足恋恋者也。

郑国渠为秦绩，灌口亦为秦绩，皆称万世之利，湘漓之源在桂林东北百数十里，秦人筑长堤分湘水一部为漓江，亦万世之利。吾友苏希询、吕镜秋两公，欲在湘漓分流处，建始皇庙，以纪秦功。虽不必遂是嬴政之功，要其法治精神，其行必果，泽及于后世，几无人可方比者。在当时固为暴君民贼，在今日言之，则尧舜文武，俱不足与之一较功烈也，伟矣。

述学之一

鄙性以好写动物，人乃漫以华新罗为比。其尤加誉者，则举郎世宁。齐人只知管晏，固莫可如何，实吾托兴、致力、造诣、自况，绝不与彼两家同也。民国初年，吾始见真狮虎象豹等野兽于马戏团（今上海新世界故址，当日一广场也），厥伏威猛，超越人类，向之所欣，大为激动，渐好模拟。丁巳走京师，游万牲园，所豢无几，乃大失望。是时多见郎世宁之画，虽以南海之表彰，而私心不好之。旋旅欧洲，凡名都之动物园，靡不涉足流连。既居德京，以其囿之布置完善，饲狮虎时，且得入观。而其槛式作半圆形，俾人环睹，其动物奔腾坐卧之状，尤得伫视详览无遗。故手一册，日速写之，积稿殆千百纸，而以猛兽为特多。后返法京，未易此嗜，但便利殊逊。……平生于动物作家，最尊法人拔理，次则英人史皇；其外，则并世之台吕埃莫亦佳，皆写猛兽者也。写鞍马者，恒推法梅叔念为极诣，当代英国Munning，亦有独到处。而翎毛作家瑞典李颜福尔斯为东方代兴，竟无与抗手者，皆吾所爱慕赞叹，中心藏之者也。顾未尝欲师之，吾所师者，造物而已。所诣或于华、郎两家，尚有未逮，要不以人之作物为师，虽安西里、希腊古名作，及吾国六朝墓刊无名英雄，吾亦不之宗也。吾所法者，造物而已。碧云之松吾师也，栖霞之岩吾师也，田野牛马、篱外鸡犬、南京之驴、江北老妈子，亦皆吾所习师也。窃愿依附之而谋自立焉，庶几为阎吴曹王徐黄赵易所不弃耶？家鸡野鹜，兼收而并蓄之，又深恶夫中西合瓦者。

半解之夫，西贩藜藿，积非得饰，侈然狂喜，追踪逐臭，遂张明人，以其昏昏，诬蔑至道，相率为伪，奉野狐禅，为害之根，误识个性，东西伧夫，目幸不盲，天纵之罚，令其自视，丧心病狂，嗜食狗矢。司空表圣，谓真气远出妙造自然者，固非不佞之浅陋所可跻也，奉为圭臬，心向往之。

居宁之幸遇记

青浦有青荫草堂主人章敬夫先生者，与伯年最契，爱画入髓，收藏甚富。生平推重伯年，与胡公寿二人为当世大家。又友钱慧安，蓄诸人作无算，而获伯年杰作独多。

戊辰暮春之望，余在东南大学讲演任伯年，郑君晓沧因介绍与敬夫哲嗣某相见。余与宗君白华即请观其曾人所藏。翌日午后，至其宁寓。其寓位于丰润门之侧，麦秀离离，兴风作浪，苍黄满眼。时太和所植玫瑰大开，临风招展秀色，香盈经道。是日，章君昆季三人殷勤款待，并饷樱桃，以佐清谈。读画半日，为居宁幸事之最足记者。

章君所示伯年最精杰作凡四：曰《青荫草堂图》，幅仅横二尺，浑博出奇，记林右一树。用浓墨点，而重以石青，趣殊特；曰《五伦图》，象征之花鸟也，大幅双钩，精妙绝伦，吾尤爱其石法，原本纸早受风矾，故更有趣；曰《唐太宗与群臣论字图》，全仿老莲，而出以逸笔，惜为人题坏；曰《双鸡》幅，盖主人馈两肥鸡于伯年，作者报以此画。画上双鸡健硕无伦，立石上，直幅，上作牵牛花，下缀老少年，典雅极矣。此作在装肆为鼠所啮，损鸡形，钱慧安为补之，尚不恶。此四作殆为伯年精力所有，实所罕见。其作尚有杰幅六，忆一猫幅亦佳。闻于其曾人没后，失其其它幅，损失亦几半。想见当时任与交情之厚，肯为知己用也。又有渭长《十六罗汉》册页，亦精妙。古人中，有董北苑，题志已遍，尚似真迹。赵孟頫《九马图》，稿甚佳，而画法，若勾勒等，殊弱。殆当日命他人临己幅搪塞亲贵者。因其题记确是真迹，而语滋疑也。老莲人物系伯年藏本，有曲园一题，甚佳。尚有十洲长卷，虽真迹，顾非精品。

吾等赞叹既穷，爰请允于翌日摄其珍贵之尤者之影，乃辞归。约舒君新城，整备其事。舒君虽术精而其机小，欲餍所望，必外觅大机，而肆人之技恒寻常。商榷连刻，方定厥施。

吾于国画，素主张昌大宋人写实画风。文献不足，特重伯年。因宣示于艺科诸生，共往一开眼界。黄月明圆，助长清兴，相与抚掌，计续乍欢。

翌晨八时，队集待发，忽白华来，郑君又派张君来，皆言章君雅不愿其所藏煊耀于众，摄影之约作罢。吾乃恨日占之不吉，不能与隔日同其幸乐。但思人生有眼福，饕餮岂与资，应着适可而止，俾令知惜。章君之赐，要足深感已。

艺术漫话

巧之所以不佳者，因巧之所得，每将就现成，即自安其境，不复精求。故巧者之诣，止于舒适平易，无惊心动魄之观。孔子曰："巧言令色，鲜矣仁。"

吾国近人中最擅色彩者，当以任伯年为第一，其雅丽丰繁，莫或之先。时人则齐白石为谙此理。夫其健笔传神阿睹者，已为艺人之所难，讵知尚未尽其能事耶！

所谓笔墨者，作法也。气之云者，即黑白之相得、轻重疏密之适合也，与韵为两事，而为体也不相离。韵者，节奏顿挫之妙，即物象之变之谓也。凡得直之曲，得曲之直，得繁之简，得简之繁，得方之圆，得圆之方，得巨之细，得细之巨，其奇致异趣，皆号之曰韵。要之不得其正，则不知其变。晴空明朗乏韵；烟雾迷离，或月下灯前则有韵矣。何者，物之色象变也。

公正率直，非不佳善，而诙谐笑谑，则多韵致。故韵者正之变象，非诈伪也。韵生幻境亦非伪也。韵与正之辨，与幻想之辨，皆极几微。能知直之至，便足以知曲，不必习知曲也。能明乎色象之正，便即可推知其由变而生之韵，不必求韵也。求韵不可必得，而有误趋虚伪之危，不可不察也。

美的解剖

物之美者,或在其性,或在其象。有象不美而性美者;有性不美而象美者。孟子有言:西子蒙不洁,则人皆掩鼻而过之。虽有恶人斋戒沐浴,则可以事上帝,此尊性美者也,然非至美。至美者,必性与象皆美;象之美,可以观察而得,性之美,以感觉而得,其道与德有时合而为一。故美学与道德,如孪生之兄弟也。美术上之二大派,曰理想,曰写实。写实主义重象;理想派则另立意境,惟以当时境物,供其假借使用而已。但所谓假借使用物象,则其不满所志,非不能工,不求工也。故超然卓绝,若不能逼写,则识必不能及于物象以上、之外,亦托体曰写意,其愚弥可哂也。昧者不察之,故理想派滋多流弊,今日之欧洲亦然。中国自明即然,今日乃特甚,其弊竟至艺人并观察亦不精确,其手之不从心,无待言矣。故欲振中国之艺术,必须重倡吾国美术之古典主义,如尊宋人尚繁密平等,画材不专上山水。欲救目前之弊,必采欧洲之写实主义,如荷兰人体物之精,法国孤而倍、米勒、勒班习、德国莱柏尔等构境之雅。美术品贵精贵工,贵满贵足,写实之功成于是。吾国之理想派,乃能大放光明于世界,因吾国五千年来之神话、之历史、之诗歌,蕴藏无尽也。

美与艺

　　吾所谓艺者,乃尽人力使造物无遁形;吾所谓美者,乃以最敏之感觉支配、增减,创造一自然境界,凭艺传出之。艺可不借美而立(如写风俗、写像之逼真者),美必不可离艺而存。艺仅足供人参考,而美方足令人耽玩也。今有人焉,作一美女浣纱于石畔之写生,使彼浣纱人为一贫女,则当现其数垂败之屋,处距水不远之地,烂槁断瓦委于河边,荆棘丛丛悬以槁叶,起于石隙石上,复置其所携固陋之筐。真景也,荒蔓凋零困美人于草莱,不足寄兴,不足陶情,绝对为一写真而一无画外之趣存乎?其间,索然乏味也。然艺事已毕。倘有人焉易作是图,不增减画中人分毫之天然姿态,改其筐为幽雅之式,野花参整,间入其衣;河畔青青,出没以石,复缀苔痕;变荆榛为佳木,屈伸具势;浓荫入地,掩其强半之破墙。水影亭亭,天光上下,若是者,尽荆钗裙布,而神韵悠然。人之览是图也,亦觉花芬草馥,而画中人者,遗世独立矣。此尽艺而尽美者也。虽百世之下观者,尤将色然喜,不禁而神往也。若夫天寒袖薄,日暮修竹,则间文韵,虽复画声,其趣不同,不在此例。

　　故准是理也,则海波弥漫,间以白鸥;林木幽森,缀以黄雀；暮云苍霭，牧童挟牛羊以下来；蒹葭迷离，舟子航一苇而径过；武人骋骏马之驰，落叶还摧以疾风；狡兔脱巨獒之嗅，行径遂投于丛莽；舟横古渡，塔没斜阳；雄狮振吼于岩壁之间，美人衣素行浓荫之下，均可猾突视觉，增加兴会，而不必实有其事也。若夫光暗之未合，形象之乖准，笔不足以资分布，色未足以致调和，则艺尚未成，奚遑论美！不足道矣。

美术之起源及其真谛
—— 在上海新闻学会讲演辞

我今天所讲的题目范围，似乎很大，不过我们以美术的真义之最有关系，而我们艺术同志，不可不注意的略略一谈。世界艺术，莫昌盛于纪元前四百余年希腊时代，不特十九世纪及今日之法国不能比，即意大利十六世纪初文艺复兴之期，亦觉瞠乎其后也。当时雅典文治武功，俱臻极盛，大地著称之Parthenon，亦成于国际最大艺人飞弟亚史之手，华妙壮丽，举世界任何人造物不足方之。此庙于二百年前，毁于土耳其，外廊尚存，其周围之浅刻，今藏英不列颠博物院，实是世界大奇。希腊美术之结晶，为雕刻，为建筑，于文为雄辩，是固尽人知之。吾今日欲陈于诸君者，则其雕刻。论者谓物跻其极，是希腊雕刻之谓也。忆尝读人身解剖史，述希腊雕刻所以致此之由，曰希腊时尚未有人身解剖之学，其艺人初未识人体组织如何，其作品悉谙于理，精确而简洁，又无微不显，果何术以致之？盖希腊尚武，其地气候和暖，人民之赴角斗场者，如今日少年之赴中学校，入即去其外衣，毕身显露，争以强筋劲骨，夸耀于人，故人平日所惊羡之美，悉是壮盛健实之体格，而每角武而战胜者，其同乡必塑其像，其体质形态手腕动作，务神形毕肖，以昭其信，以彰本土之荣。女子之美者，亦曝其光润之肤，曼妙之态，使人惊其艳丽。艺人平日习人身健全之形，人体致密之构造，精心摹写，自能毕肖。而诗人咏人，辄以美女为仙，勇士为神。神者如何能以力敌造化中害民之妖怪；仙者如何能慰抚其爱，或因议殒命之勇士。文艺中之作品，类皆沉雄悲壮，奕奕有生气，又复幽郁苍茫，芬芬馥郁，千载之下，犹令人眉飞色舞，是所谓壮美者也。一世纪之罗马尚然。无何，人渐尚服饰之巧，艺人性情深者，乃不从事观察人身姿态结构，视为隐于服内，研之无用，作品上亦循俗耗其力于衣襞珍玩。欲写人体，只有摹仿古人所作而已，浸假其作又为人所摹拟，并不自振，逮六世纪艺人乃不复能写一真实之人。见于美术中之人，与木偶无辨。昔之精深茂密之作，今乃云亡，此混沌黑暗之期。直延至十三世纪，史家谓之中衰时代者也，是可证艺人之能精砺观察者，方足有成，裸体之人，乃资艺人观察最美备之练习品也。人体色泽之美，东方人中亦多见之，法哲人狄岱襄有言曰：世界任何品物，无如白人肉色之美者，试一细观，人白者，其肤所呈着彩，真是包罗万色，而人身肌骨曲直隐显，亦实包罗万象，不从此研求人像之色，更将凭何物为练习之资耶！西方一切文物，皆起于埃及。埃及居热地，其人民无须被服，美术品多像之。故其流风，直被欧洲全部，亘数十纪不易，盛于希腊。希腊亦居热地，又多尚武之风。耶稣之死，又裸钉于十字架上。欧洲艺术之所以壮美，亦幸运使然。若我中国民族来自西北荒寒之地，黄帝既据有中原，即袭蚕丝衣锦绣，南方温带之区，古人蛮俗，为北方所化，益以自然界繁花异草之多，鸟兽虫鱼之

博，深山广泽，佳树名卉，在在令人留意，足供摹写；而西北方黄人，深褐色之肤，长油不长肉之体，乃覆蔽之不遑，裸体之见于艺术品中者，惟状鬼怪妖精之丑而已。其表正人君子神圣帝王，必冠冕衣裳，绦带玉佩，不若希腊Jupiter，亦显臂而露胸，虽执金杖以为威，犹袒裼，故与欧洲艺术相异如此，思之可噱也。吾今乃欲与诸先生言艺事之究竟，诸君必问曰：美术品之良恶，必如何之判之乎，曰：美术品和建筑必须有谨严之Style，如画如雕，在中国如书法，必须具有性格，其所以显此性格者，悉赖准确之笔力，于是艺人理想中之景象人物，乃克实现。故Execution乃艺术之目的，不然，一乡老亦蕴奇想，特终写不出，无术宣其奇思幻想也。

习 艺

艺术家凭天才，固也。但世尽多天才，未有不经一极长时间之考究与夫极丰润灌溉培养而成者。天才者，言此人之有特殊领悟力也。时间者，所以熟练其了解及想象也。培养者，乃际遇，所以节其时坚其成，有余境俾其自化也。简言之，即表其特性，优且裕，而自创作之也。

人类造作中艺人所分配之任务，乃留遗人情感中一种现象，使之凝固，使之永停。例如声，有悲欢喜怒，音乐乃节奏之成调，逮调出，人即直觉其喜怒哀乐。画，表色者也；色之感，有壮、快、沉。其境不得时遇，画则显之。次如雕之状形，舞之寄态，建筑之崇式，诗之抒情，文之记事，皆莫非造一种凝固之现象而已。

天才不世出，人之欲成艺术家者，则有数种条件：（一）须具极精锐之眼光与灵妙之手腕，（二）有条理之思想，（三）有不寻常之性情与勤勉。目光手腕，乃习练而产生之物，在确视确写，精察繁密之色，而考究其复杂之状。习之久，则自然界任何物象，一经研求，心目中自得其象，手自能传其形，夫然后言创造，表其前此长时期中研察自然所独得者。于是此创造，乃成人类造作。然思想无条理，何能整顿自然。性情不异，则无所遇。非勤，则最初即不能得艺，终懈，则无所贡献于世也。

欧人之专门习艺者，初摹略简之石膏人头，及静物器具花果等，次摹古雕刻，既准稿，则摹人（余有摹人专篇当续寄登）。盖人体曲直线极微，隐显尤细，色至复，而形有则。习艺者于此致其目光之所及者，聚其腕力之足追随者，毕展发之。并研究美术解剖，以详悉人体外貌之如何组织成者。摹人自为主，摹人外更须出写风景及建筑物。复治远景法，以究远近之准何定理。又治美术史，借证其恒时博物院中观览之古人杰作之时代方法变迁。治美学，以究人类目嗜之殊。治古物学，所以考证历史者。故艺人既知美术于社会、于人类、于历史、于幸福，种种之关系，其造作之品，有裨群体可知也。

儿童如神仙

儿童画之可贵，以其纯乎天趣。至真无饰，至诚无伪，此纯真之葆，乃上帝赋予人人平等之宝物。其赋与之期间，与人智能之启发进化，成正比例。

世间往往有七尺之老童，执笔为画，师法两尺五寸小孩者，以为师其天真，此实大谬。人之可能守其初者，无伪而已。米粉菜叶之中，皆含有消灭天真之成分。若鸡皮鱼翅，更多百分之五十功用，盈年累月，吃进如此之多，人有多少天真，能不为所消灭哉。

故儿童之可贵，在其直觉，如与以甜味，好吃；与以苦味，便不吃。虽用药医病，亦不肯吃，打他则哭，大打必号，久当知痛。其所爱好，与其所惊怖，最低限度，绝无虚荣作用。

儿童如神仙，美哉美哉，其所作为，不可法，亦不能法，尤于绘画。若不佞之平凡无能，对之只有艳羡而已。所不慊于主宰造化者，乃其时期之太短，不稍于以延长也。虽然，倘此世界有学成之儿童者，吾亦终赞叹倾倒之，与对真儿童同具羡慕也！

性格论

　　vérité，真或真理，或中国古哲所云止于至善，或亦可谓之道，乃是人感觉想象之一种标准，为人类精力所赴之最高目的，故亦即科学、文学、艺术之共同目的。人类智慧活动各有其倾向，工作各守其本能。于是，文艺与科学各就其领域，以探索研究真理。于是，工作者各自有其工具，如音乐家应用高低之音阶，画家用深浅之色彩，舞蹈用屈伸之姿态，而科学家用积量之等差。因此，宇宙万有为此三种人分析、抑碎、融会、配搭，以发掘造化之神秘与人力之奇妙。吾今拟述吾艺术家所应用之惟一原料"性格"。造化与人性概可分为三种性格，即阴阳、刚柔及其中间性格。如直属刚，曲属柔，热属阳，而寒属阴。但其间有温，或波浪纹之线，则其中间者也。

　　此仅为笼统之性格，尚非本文所立论之主意也。近代中国作家恒忽略抽象名辞之真义。如性格，往往误当作个性。其实，个性应释作中国"太上有立德"之德，乃从铁砂中冶成之纯钢，非原料中兼包善恶美丑之性格也。

　　纯钢在铁砂中，纯糖在植物中，纯盐在水中。艺术当务之急乃在获取此包含丰富美质之原料，而撷冶、提吸其精英，从粗暴中得雄壮，从琐碎中得博丽，从平淡中求冲逸，从凌乱中致娴雅。更从而使之升华上达庄严、静穆、高超之至德，即至善尽美，人类功能可跻之极度。运以吾人精妙之思，使此诸德交响合奏，约之以和，乃行媲美造化之伟大艺术品。证以作品，如周公、庄姜之诗，左传之写，郑子产中庸说诚，王羲之书法，陶渊明之抒情诗，司空图之诗品。欧洲艺术，则若班尔堆侬额刊、米该郎楫罗之《摩西》、拉飞罗《雅典派》、斐多文的《第九交响乐》、吕特《出发》，皆德之大成，金声玉振，由有我以至无我，所谓与天地合一。

美不必出于一致，善不必出于一途，因各个性格之不同也。如美味，有以脆，有以酥，有以嫩，有以厚，有以清。而必求其极致。但艺术家之成功或天才之形成，必自臻一。最重要之德曰和。

艺术家天秉之性格，自然易为造化中相类之性格所激动，而有以表现。天秉有厚薄，即天才之大小也。顾教育之功，可以人力补其不足，惟于原秉赋者无功。

故欲完成一己，亦可谓发挥个性，除洗练其德性，淘汰砂砾以外，必须兼备其相反性之一面，如能刚而不能柔，能大而不能小，则将缺乏德之和。盖此艺者，用刚而已，非无柔也；显其大而已，非不能小也。故仅有一面不得谓之全，且往往觉其残废，不可不知也。

谈大胆

大胆云者,乃直抵险峻之境,向窈窕之地驶泳,不左右、前后、上下偏,而安全稳定。此境须精确衡量时间之缓急,以折衷其迅速之行程。刹那一掠,无游移之余地,故大胆为定力之表现,非行险侥幸之谓也。

友人告吾,卅一年四月间乘汽车经广西南丹,路因附近轰山,致左右陷成深阱,路面几不及车两轮距离之宽。于是,往来之车皆停驻,以待修复,积十余辆,无敢试越者。会一资源委员会车至,司机某毫不迟疑,一冲而过,两轮适压阱之两极,车安而路无损。使非胸中极具把握,苟稍左右倾,未有不坠落者。停驻之众咸鼓掌。于是,随其后尘过者又数辆。

庖丁解牛,固无危险也。此君以身试,非艺之至高,其焉能如是之暇而裕乎?其一掠之效并能赋人以胆智,步其武而验。诚哉,其为君子之德,风也。此大胆之可矜式者也。

怯者往往在平坦处作势,至紧张之际束手无策。一如画家在树枝或顽石上逞其逸笔,逮遇人物或动物关键处,即迟疑震恐,现其颤栗觳觫之情。彼持身慎重者固无可置议,惟扬威于康庄之辈,为深可笑耳。

艺术？空气！

先有一句声明，此系道白体，因有骂人的意味。贵报日来接着登载几篇短文，都含有责备一些美术家口调，固未必便指着鄙人，但我却不得不向诸撰述者申述几句，因为诸公至少是护法同志，艺术之友，"君子于役，苟无饥渴！"

此次上海文艺专校，来青年会所开书画展览会，信乎洋洋大观，如大旱降甘霖，群生沾足。诸先生试想一校容纳如许多才能作家，成绩如此之佳，应否值得奖励？但是有谁去奖励他没有？况且该校若不因其经济困难，以其作品为将伯之呼，首都人士，何缘而得见此？顾每年国家应用于所谓文化、高等教育、艺术等等，不知几千百万，却未尝肯用一钱，来光顾民间艺术。而所谓文化，文化，叫得狠响。什么文化？投机事业而已！至于展览会，若在首都，究竟应当开在什么地方？把画钉在背上？将雕刊托在手里？答曰：你何不也去租青年会的会堂！然则租费，应叫何人来分担？又派谁去看守着呢？如无目的。

鄙人于前年曾集合同志数人，发起中央美术会。幸承南中校长章相先生赞助，于年假期内以全楼课室相借陈列，并派人照料。同人等借得以所作，与都人相见。一切消耗，亦数百金。终

尚不免为人利用，使人灰心。嗣后做那合法登记（按照手续），叵耐那些混账舅子机关，延宕饰说，不与方便，终至未蒙登记。诸君须知未经登记之团体存在，有被指为反革命之危险，于是中央美术会，遂无形取消。

一年以来，鄙人又想发起一临时性质之乌合画会，集合些作品，请教于都人。无奈乌亦不多，作品目少，不能成会。且拙作苟加入太多，复惧○○之嫌。自惟倦于沽钓，又无风头；于是乌亦合不起来。

现在既无人应命，鄙人即来承乏。定于本星期六日及星期日（即三月二十八、二十九两日），假门帘桥南京中学陈列近作两日，为数无多，聊解望梅之渴而已。抑人之为善，谁不如我，抛砖引玉，且俟继起之蓬勃也。

要之美术品正坐而相待，如大雕刊骆荡之《干雷六义士》，在巴黎骆荡博物院重铸，不过四万元；《地狱门》，不过三万元；又如《铜器时代》《亚当》等等，每具不过八千元。均系大奇，美妙绝伦。鄙人要求文化机关购之者，五六年来，不下数十次，毫无效果！爱好美术者，何妨帮同鼓吹，买得他来，过过大瘾！不要相信以提倡美术做招牌者，他们只会吹牛，其目的，在求支配，安插了些私人，耗费国家数十万年金，何尝肯拿好东西给民众看！至于寻常展览会，玩来玩去，无非几件国货，不会怎样了不得的（尽管他吹得利害）！

论中国画

吾于"中国画展序"中，述中国绘事演进略史，举唐代文人画派为中国美术之中兴。吾今更言此派之流弊及其断送中国美术之史。

夫一派之成功，均因所含之各因素成熟之混合。成熟之为用，亦不能保持，久则腐败，理之固然。吾中国唐代中兴绘画者，为阎立本、吴道子、李思训、王维、郑虔等人。而王维、郑虔，尤诗人之杰出者。观察之精，超轶群流；所写山水，极饶雅韵，遂大为士大夫所重（前于绘事，只推为工匠之能）。故后世特张此派，号为"文人画"。顾在当时，皆诗人而兼具工匠之长者也。画家固不必工诗，但以诗人之资，研精绘画，必感觉敏锐，韵趣隽永，而不陷于庸俗，可断言也。故宋人之善画者，亦皆一时俊彦，如范宽、李成、米芾等所作山水，高妙无伦。而米芾首创点派，写雨中景物，可谓世界第一位印象主义者，而米芾十二世纪人也（北京故宫博物院有一幅）！

中国最古之画，如《汉书》所载光武图功臣于麒麟阁，又毛延寿之谀写明妃古事，必如今日之壁画及水粉画。中国相传造纸始于蔡伦，二世纪人也。初造之纸必不能作画。

三、四、五世纪，佛教盛行中国。画家辈出，如曹弗兴、卫协、顾恺之、陆探微、张僧繇等人作品，俱属崇饰庙寺壁间之佛教画，皆壁画也。苟欲精于绘画，必须长时间之研究。中国传统习惯，首重士夫，学治国平天下之道。故上流社会，苟非子弟立志学画，决不令辍诗书。在昔时，教育无方，凡习画恒不读，惟谢赫、宗炳，乃画家而擅著述，殆文人画家之祖，然未能于绘画上有所更革也。此类画家，有如凡·爱克兄弟、孟林、费腾、蒙推捏、贝里尼、客班楼窝之流，俱头等Techniciens（精于技巧者），皆精极章法、色彩、素描等等者也。

至诗人王维，创水墨山水，破除常格。于是张璪一笔写两棵古树，大胆挥写。刘明府之山水幛，据大诗人杜甫所赞："元气淋漓幛犹湿，真宰上诉天应泣"者，必于历来绘画之方术大异。故唐画既大成于已有之方术，又创新格，且多第一流人物从事于此，所以有中兴之业也！

宋画之盛，实因帝王为之鼓奖。首设画院，罗致天下之善画者，且以之试士。向惟工匠所治之业，今则士大夫皆传习之。其有专精一类者，皆卓然成大家，而所作几为绝业。如徐熙、黄筌、黄居寀、易元吉等之花鸟，真美术上之大奇也，皆理想化之现实主义者也。宋之与唐，譬如接树，虽极递演亘多时，仍得佳果。以后遂如取果种子埋之于地，令其自长，则元后之衰也！

写实主义太张，久必觉其乏味。元人除赵孟頫、钱舜举两人外，著名画家，多写山水，主张气韵，不尚形似，入乎理想主义。但其大病，在撷取古人格式，略变面目，以成简幅，以自别于色彩浓艳之工匠画，开后人方便法门。故自元以后，中国绘画显分两途：一为士大夫之水墨山水，吾号之为业余画家（彼辈自命为"文人画"），一为工匠所写重色人物、花鸟。而两类皆事抄袭，画事于以中衰。

自宋避金寇南迁都于杭州，太湖流域遂成中国七百年来美术中心。元之大画家多出于江浙，明代亦然，若戴进、文征明、沈周、周臣、唐寅、仇英、陆包山、吕纪。仅有两人例外，则林良开派于粤东（以后此派永有花鸟作家，至今日如陈树人），吴小仙起于湖北而已。而董其昌者，上海附近华亭人，以其大学士身份收藏丰富，为一极佳之临摹者，因其名望之隆，其影响及于一代。故"四王"演派之盛，得能稳定抄袭之工，人即视为画艺之工；其风被三百年，至今且然，实董其昌开之。李笠翁以此投机心理为《芥子园画谱》，因而二百年以来科举出身之文人称士大夫者，俱利用之号为风雅，实断送中国绘画者也！

中国近世美术以何时为始，实至难言，若以一人之作风而论，则大胆纵横特破常格者，为十六纪山阴徐渭文长。彼为著名文豪诗人，其画流传不多，故被其风者颇寥寥。惟明亡之际，有两王室后裔为僧，曰八大，曰石涛，二人皆才气洋溢，不可一世。其作风独往独来，不守恒蹊，继徐文长而起，后人号之曰写意，实方术中最抽象者也！故吾欲举徐文长为近世画之祖。

八大、石涛，董其昌稍后辈而已，因隐遁之故，其作品不煊赫于世，但四王中之王廉州，既称"大江以南无过石师右者"，实则大江以北更无人也（王觉斯只可谓书家）！顾八大、石涛同时尚有一天才卓绝之陈老莲。

宋虽画学极昌盛，名家辈出，但无显著之Styliste（独创一派

者）。且作家亦多工一类，无兼精各类者。陈老莲人物、花鸟、山水无所不工，而皆具其独有之体式，实近代画家惟一大师也（金冬心、黄瘿瓢亦佳）。

近代画之巨匠，固当推任伯年为第一，但通俗之画家必当推苏州之吴友如。彼专工构图摹写时事而又好插图，以历史故实小说等为题材，平生所写不下五六千幅，恐为世界最丰富之书籍装帧者。但因其非科举中人，复无著述，不为士大夫所重，竟无名于美术史，不若欧洲之古斯塔夫·多雷或阿道尔夫·门赤尔之脍炙人口也！

美术漫话

一切学术有一共同目的，曰：追寻造物之真理而已。美术者，乃真理之存乎形象色彩声音者也。音乐为占时间之美术，当非本论之范围。兹篇所论，专就造型美术，阐明其意。造型美术，亦分为两途：一曰纯正艺术，即绘画、雕型、镌版、建筑是也；一曰应用艺术，亦曰工艺美术，乃损益物状，制为图案，用以美化用具者也。

吾人在立论之始，应于题之本身，定一解说。中国今日往往好言艺术，而不谈美术。艺术者，仅泛指术之属乎艺事而已。美术者，顾名思义，则为艺术者，不徒能之而已，盖必责之其具有精意，于人之精神，藉有所发挥，故其学术，因欲奔赴此神圣"美"之一目的。于是在同一物事上，各人得自由决定其形式，又利用一形式，求一适合之内容，以赴其所期望理想之美。而其精神，亦必为所探讨之真理。所谓形式内容，不过为作者所用之一种工具而已。

内容者，往往属于"善"之表现。而为美术者，其最重要之精神，恒属于形式，不尽属于内容。如浑然天成之诗，不必定依动人之题，反而如画虎不成，则必贻讥大雅。故美术恒有两种

趋向，一偏于善（则必选择内容），一偏于美（全不计内容）。偏于善者，其人必丰于情绪，偏于美者，其人必富于感觉，各有所偏，各有所择。顾美术上之大奇，如班尔堆侬之额刊，如米该郎楫罗之《摩西》，如铎奈推罗之《圣约翰》，如拉飞罗之《圣母》，如帝襄之《下葬》，如鲁彭斯之《天翻地覆》，如特于勒之《使徒》，如伦勃郎之《夜巡》，如范拉司该之《火神》，如吕特之《出发》，如康斯推勃之《新麦》，如吞纳之《落日》，如门赤尔之《铁工厂》，如骆荡之《干雷六义士》，如夏凡纳之《神林》，如莱丙之《伊望杀子》，如倍难尔之《科学放真理于大地》，如达仰之《迈格理女》，如康普之《非雪忒》，如勃郎群之《码头工》，无不至善尽美，神情并茂。比之中国美术中，如阎立本之《醉道》，如范中立之《行旅》，如夏圭之《长江》，如周东邨之《北溟》，无不内容与形式，美善充乎其量。孔子有美而未尽善之说，故人类制作，苟跻乎至美尽善，允当视为旷世瑰宝，与上帝同功者也。

善之内容可存而弗论，至其所以秀美之形式，颇可得而言。盖造物上美之构成，不属于形象，定属于色彩。而为美术之道，舍极纯熟之作法以外，作者观察物象之所得，恒注乎两要点，其表现之于作品上，亦集中精神于此两点。所谓色彩，所谓形象，皆为此两点之工具而已。

此两要点维何？曰性格，曰神情。因欲充实表现性格之故，爰有体、有派；因欲充实表现神情之故，爰有韵。

美术之起原，在摹拟自然；渐进，则不以仅得物象为满足，恒就其性之偏嗜，而损益自然物之形象色彩，而以意轻重大小之。此即体之所产生也。

派者，相习成风之谓。其所以相习成风，皆撷取各地属之特有材料，形之于艺事，成一特殊貌者也。

所谓性格者，即刚强、柔弱、壮丽、淡泊、冲和、飞舞、妙曼、简雅等，秉赋之殊异或竟相反也。故须以轻重、巨细、长短、繁简之术应之，所以成为体也。

神情在人则如喜怒哀乐，妙机其微，艺之高深境地，其所以难指者以其象之变也。其于物情，则如风雨晦冥，皆变易其寻常景象，要在窥见造化机理，由其正而通其变，曲应作者幽渺复颐广博浩荡之襟怀思绪。此艺事之完成，亦所以为美术也。

至于工艺美术，其要道在尽物材之用，愈能尽物材之用者，为雅；愈违物材之用者，为俗。雅俗之分，无他道也。

漫 谈

中国画之妙处，有如水之就下，自成文章，奔流穿涧，漩转萦回。或一泻百尺如飞瀑，或涓涓滴滴若吐珠。要以引用自然，随势顺逆为其极则，以自然入乎规矩者也。西洋画如打台球，三球相距或远或近，顺者易合，逆者每违。而必深解其理，迫之相撞，旁敲侧击，缓急疾徐，率直迂回，求其必中。其奇妙时，神出鬼没，变化无穷，而值合乎数理。此以规矩入乎自然者也。顺势以成至美，乃中国之写意画。设境求其实现，乃油绘之能事。

为学如植果树。野桃荫一亩，果实累累，枝叶繁茂，但以未经接技，终无嘉果。其产嘉果之树，不必藉有伟巨之本干也。

劳之反面为逸。闲暇云者，固无所事事，逸则有事如无其事也。故形容词之逸气逸笔逸才，乃言其从容解决困难也。

文明之极，必入细密。细密乃感觉之及乎精微处，不可幸致。抑文明果不臻细密，直可谓之不文明。而其弊也，失之琐屑。溺惑微末，忽略远大。如善饮茶者之辨水味，爱书法者之审拓本，往往置茶之好恶与书之良否于不顾。有友人工书而宝一旧拓王居士砖塔铭。夫砖塔铭书之纤弱，友人自书且远过之。徒因旧拓，偶一展玩，详辨其锋擦起落，若有无穷之趣。善辨味者又尝一果羹，自抒异向，对于笋蕈之鲜漠然不顾，以人人知之也。故知细密者乃起于观察精微者骄傲心理，往往不惜抹杀有目共睹人同此心之至美，以为平常，视若不屑，此矫情之极也。夫白、甫之后乃有李贺，可云贺之诗遂高出李杜乎？驯至治书者忘却右军，为思想者，不解经典，久之衣先其御寒之功，目反无司明之用。夫趣Legout良不宜恶陋，但舍本逐末至此，则古人玩物丧志之戒为不虚矣，是细之过也。

椎鲁不文究害乎雅，信也。故好纯色、纯味、纯形者，号为思想简单。但千章百彩俱带灰色，必有损乎明。众香杂味若尽椒盐，究有何味？六合石子固无纯方纯圆者，但其硗确，毫无常形，拾者亦必不取也。中国蠢人欲效欧人之善用灰色也，将一切绸缎绫罗尽染灰色，同样深浅，置于一处。于是，灰紫、灰绿、灰黄、灰青，恶劣盈前，不堪入目。其可厌处，较之苏北人绿裤红带，尤为过之。何者？因人之肉色无纯色，往往服用纯然红绿，尚得调和。今之为细密者，以一律之灰装成一人，苟其人既非颜如渥丹，或美同冠玉，必装成不可向迩之十足灰气，无可疑也。纯色、纯形（方圆）、纯味所失，仅有时粗鄙已，但真趣洋溢。其不通者，遂以无色、无形、无味易之，诚哉其半解也，其陋抑尤过于粗鄙也。

人之思想日密，所撷日繁，领域扩大，和谐易为。往往昔之无用者，今能得其无上之用。决无昔日有用之物，今反无用也（除非八股及小足）。故灰色与椒盐，昔人不取而已。何至遂舍弃纯色、纯味、纯形？科学家固有以毙一虱立大功者，独未尝言为稼穑者之无裨于世也。

是故最通人之理解往往不可取，因其人多守深入无浅语之训，指点入骨，用之不全者，有害无益。吾友张大千爱梅瞿山之画，不惜以千金致之。梅画清丽淡逸，大千又嗜痂有癖，固无可置议，其实大千自画已远过之。法倍难尔先生标举十八世纪美术皆厚人之所薄，而自矜骄傲，其流毒于他人，不遑计也。虽然，卓绝之人固能利用一切毒物，了无障碍。顾世间此类卓绝之人皆自探险巇之径，自寻烦恼苦毒，甘之不悔，无所用其指示也。其为芸芸民众谋利益于善恶美丑之途，当示以区别矣。不佞之愚，固未尝甘自居于蒙昧也。

因《骆驼》而生之感慨

常人恒准世俗之评价，而罔识物之真值。国人之好骨董也，尤具成见。所收只限于一面，对于图案或美术有重要意义之物，每漫焉不察，等闲视之。逮欧美市场竞逐哄动，乃开始瞩目，而物之流于外者过半矣。

三代秦汉所遗之吉金食器，吾国最古之美术品也。好之者惟视其文字之多寡，与有无奇字，定为价值标准，是因向之耽此者，多文人学士。汉学既兴，人尤借春秋战国时遗器所存文字，以考订经文史迹，其有重价，自不待言。顾其不为人重视之器，往往有绝精美之花纹，形式图案，极美妙者，以少文字，遂见摈于中国士大夫。不知美乃世人之公宝，而文字之用，限于一族，为境窄也。文字与美术并重，宜也，今既有所偏重，于是一部分有美术价值之宝器，沦胥以亡。

吾国绘事，首重人物，及元四家起，好言士气，尊文入画，推山水为第一位，而降花鸟于画之末。不知吾国美术，在世界最大贡献，为花鸟也。一般收藏家，俱致山水，故四王、恽、吴，近至戴醇士，其画之见重于人，过于徐熙、黄筌。夫山水作家，如范中立、米元章辈，信有极诣，高人一等，非谓凡为山水，即

高品也。独不见酒肉和尚之混迹丛林乎？坐令宋元杰构，为人辇去，而味同嚼蜡毫无感觉一般之人造自来山水，反珍若拱璧。好恶颠倒，美丑易位，耳食之弊如此。唐宋人之为山水也，乃欲综合宇宙一切，学弘力富，野心勃勃，欲与造化齐观，故必人物、宫室、鸟兽、草木无施不可者，乃为山水。元以后人，一无所长，吟咏诗书，独居闲暇，偶骋逸兴，以人重画，情亦可原，何至论画而贬画人，是犹尊叔孙通而屈樊哙也，其害遂至一无所能之画家，尤以写山水自炫，一如酸秀才之卖弄文章，骄人以地位也。故中国一切艺术之不振，山水害之，无可疑者。言之无物，谓之废话；画之无物，岂非糟糕？

近日中原板荡，盗墓之风大启。洛阳一带，地不爱宝，千年秘扃，蜂拥而出。国中文人学士，兴会所寄，惟喜墓志、碑铭，其中珍奇，信乎不少，如于右任氏一人所蓄，便大有可观。但其中至宝，如殉葬之俑、兽、器物，皆于考古及美术有绝大关系者，以其多量贱值，士大夫不屑收藏，坐视北魏隋唐以来，千余年之瑰宝，每岁运往欧美日本者，以千万计。天下痛心疾首之事，孰有过于此者。

吾国文献，向苦不足，古人衣冠器用、车马服制，记载既泛，可征之于宋画者，已感简略不详；六朝之俑，品类最多，如武士，则环甲胄，妇人则分贵贱，其鬟髻衣裳，袖带佩挂，近侍与走役等人物，可得一完整社会之概观；而驼马之缨络辔鞍，皆精密刊划，事事可按，信而有征，不若图绘之随意传写也。欧人在古希腊之墟，发现Tanagra（希腊之Boitre）与Myrina（小亚细亚）两地之熟土制人，其不若魏唐塑制，有釉有彩，精美殊逊，而人已视同瑰宝，凡大博物院如法之鲁勿尔，且称为傲人之具。吾国人之对此，情同委弃，相去如此。

此类出土人物、群兽之尤可贵处，在其比例精确、动作自然，往往有奇姿好态，出人意表者（有舞女及怪人绝奇诡可喜）。近世明清雕刊，反退居于美术上所谓Frontalite野蛮格调（丹麦著名美术批评家Lange所创言），以彼例此，真有天渊之别也。吾向者以为中国艺术，仅绘画及图案（非指现代），足侪世界作家之林，靡有愧色。若雕塑者，只细巧见长或庞然巨大而已，毫无价值，不谓千年前之工人，其观察精密、作法严正如此。吾去冬岁阑，在平厂肆所得之北魏两卧驼，堪称美术史上之奇珍，可媲美安西里之狮、希腊之马。顾秦人视之，亦不甚惜也。知十年以来，此类等量齐观之宝物之流落于外者，宁胜计哉。倘世间只存其一，千年艳传者，则必与天球河图比价，今熟视之，若无睹然。逆料他日古墓既空，地藏丧尽，凡有珍奇，皆之国外有所考求，须万里行，反观故邦，垒垒黄土，必有无穷之子孙，为感叹啜泣者。吾国向视博物院为厉禁，但公家设立之图书馆，已遍中国，除购大英百科全书、王云五大著及……外，倘有人一念及此者否？则千元所罗致，可满陈一室，其为费用，亦不多也。

智　慧

　　艺术乃智之体现。智慧之作用尤在于能观察，能剪裁（即切取）。观察精，自能得色之和。能取景，则不特尽象之用，且无处无画，应用莫穷。如沙漠，大地上最无聊所在矣，热罗姆之狮蹲其前，旭日初起，遂现一不可思议壮丽之景。又如海仅水平一线，介乎上下两端，而美国作家有专研之成杰作者。故不朽之名画，固不悉赖乎明媚之山水、奇妙之人物、荒诞之思想、惊动之题目。苟善撷取，则断垣一角掇以芳草，村妪顽躯张其龌笑；又或偃树一枝光分远近，工具半壁象征勤劳。苟为巧妙之节取，卓越之作法，皆能呈惊心动魄之观，成陶情赏心之药。

学画之步骤

　　人类知识之营养以自成。其伟大学者，养也；创作者，发也。知识之获得匪止一途，有以视而得之者，有以听而得之者，有以尝而知之，有以嗅而知之。然后，加深思明辨，是谓有成。画者，乃以视而得之知识也。

　　美术之目的与人生之目的相同，曰止于至善。

　　学画之步骤有七。一曰定物位，二曰正动作，三曰察明暗，四曰求神情，五曰研结构，六曰得其和，七则求作法。至五、六、七步，个人精神渐以展舒，知所取舍而自成体。自精研造物之结果而个人之性格得以完具，因得借其功能，创造艺术。故孟子曰："五谷者，种之美者也。苟为不熟，不若稊稗。夫人亦在乎，熟之而已矣。"夫果不善培养不熟，人不学无成。故艺术之事乃工力所诣，无所谓天才也。

颜色之运用

单纯之色调并非中国遗产。

吾国名贵之陶瓷，及锦绣、绘画，俱无纯色。瓷无全白，朱砂、胭脂非纯红，石黄、藤黄非纯黄，石青、花青非纯青，石绿、草绿非纯绿。举世界一切自然物中，亦少有纯色者，中国美术品制作类之，故能如是娴雅（国旗之大红为象征，但只有国旗为大红纯色，当愈显突出）。迨西洋物质进步，提炼颜色为纯色，吾国工商业中，不加调和使用，于是染绸布悉用纯黄纯绿，纯青纯紫（各国少有），目之所接，使人发昏。硬不接受遗产之一种效果，就会觉得后退不少。不是遗产，固可抛弃，是件遗产，何必拒绝？但是这种情况，已经存在几十年了。

初学画之方法

学画最好以造化为师，细致观察其状貌、动作、神态，务扼其要，不要琐细。

最简单的学法是对镜自写，务极神似，以及父母、兄弟、姊妹、朋友。因写像最难，必须在幼年发挥本能，其余一切自可迎刃而解。

须立志一定要成为世界第一流美术家，毋沾沾自喜渺小成功。文史、生物、算数、理化等普通课程为必要之常识，不可忽也。

艺术家能精于素描，则已过第一种难关，往往自身即成卓越之作家。故蒙堆捏、特于勒、伦勃郎，皆千古之最大画师，而近世戈雅、倍难尔、初伦、勃郎群、康普，亦皆不可一世之大画师也。

废 话

　　戴纳恒谓艺人作业分两时期。第一期艺人，孜孜矻矻，惟恐不及造化之妙，于是凭其真感，尽力奔驰，克臻美善；逮经验渐丰，或虚名既立，功力亦弛，惟取昔日所积Recette，凑出对付，而真意漓，此第二期之失也。故喜Beante Reele者，不能满足架空之幻象与玄想，而富想象之作家，亦指写实主义，境域太窄，屈而不伸。但戴纳推论米该郎楫罗，称其第一期，延长亘六十年，作品雄强高超，精力弥满，谓多真感；至《末日裁判》晚年之作，已多见其吃老本，不能与其前作齐观。顾米核郎楫罗，博大精深，工力绝人，人体所有一切形象，既烂熟胸中，犹不免有缺憾，则丁笃来笃、鲁彭斯、特拉克罗幻等，应动辄得咎，而Wiertz不堪入目，不待言矣。

　　吾国近三百年来，习艺方法，恰与戴纳所论相左。宋元古法，已不免支用Recette，但其意在抽象，为鹄根本不同，有时为用，且侧重图案方式，其工具虽不完备，但工力精深卓绝之艺人，亦借此绰然逞其逸宕之思，本其抽象原则，取精华而遗粗砺，举笔辄能扼要，物情既具，是谓得神，未尝虞其不足者，以其灵爽存也。夫其道既迁就工具，而为抽象之图，则必向造化中追寻，方冀有所弋获。今惟踪其懒惰，日内古人，讨沾余润，案头摹仿，不见一切。须知古人之自养，赖其吸入之真感，正如人饮食之养生也，若古人以真感得酿成之艺，可摹而得之，是可据人之……以为食也。其梦亘数百年且未醒，其去戴纳之论，抑何远耶！

与丁楚谈艺术

一、志愿军请画"八骏图"

去年夏天，曾接到中国人民志愿军战士的来信，要我画一幅"八骏图"。当时，我又兴奋，又焦急，兴奋的是战士们的可爱，不但克服困难，战胜敌人，而且还这样热爱艺术。焦急的是，我乃躺在病床上，连起身都不成，更不能作画。

后来，我虽几次勉强起床，想画成一幅"八骏图"寄去，但每次都无力地躺下。后来只得将一张旧作四匹马的照片寄去，并由我口述，有静文代笔向志愿军战士写了一封抱歉的信。告诉他们，只要身体一复元，马上就画了寄去。所以在养病期间，我总惦记着把画画成，一了夙愿。

二、画画不马虎

今年一月起，开始试笔，为志愿军战士画八骏图，但总是画不成。后来改为画单匹奔马。为什么画单幅马？第一，我的气力不能画大幅的八骏图，只好画单幅的，凑在一起总算实践了我对英雄们的诺言。再说，我画画，总不肯马虎，特别是送给志愿军的；所以，我现在虽然只寄出了六幅，实际上我已经画了二三十幅。那六幅是从这几十幅里挑出来的。

三、大饱眼福

从解放后，算一算，在北京举行过多少次国际性和全国性的艺术展览会？当然，这也是我们住在首都的人特有的眼福。比如"敦煌文物展览""楚文物展览"和在北京历史博物馆、故宫博物院等地方举办的多次盛大展览。这些展览会一次比一次办得好，一次比一次丰富，也一次比一次解决了更多的文化艺术史上的问题。我从每次展览会上都得到很多启示：比如这次"楚文物展览"，使我更清楚地认识到，古代文化是可以分成商周和楚两大系统的。商周文物主要的表现在铜器上。而漆器呢？虽然黄河流域也盛行，但今天我们有理由认为是从楚地传去的，绘画与漆器应该是有些姻缘的。这次楚文物展览中，我们又见到一幅两千三百年前的绢画，这也足以证明当时的楚文化站在时代的前列。

四、稀世之珍

解放后，社会风气大变：收藏家把许多传家之宝捐献给国家，最重要的如虢季子白盘（我国现有的最大的古代青铜器），其他的古文物、善本书不计其数。另一方面，政府也尽力收购重要的文物，以免散失损毁。如五代顾闳中的《韩熙载夜宴图》和隋朝展子虔的山水卷子。这些稀世之宝，过去总是流来流去的，今天总算回到人民手里。

五、中央美术学院

关于中央美术学院，在解放前，学院的毕业生，和其他学校一样，毕业即失业；而且处处被轻视，甚至想谋一个小学教员的职位都十分困难。可今天，各个都来"抢"人或者预约，学院方面简直是供不应求了。

为了更好地培养人才，今年学院添招了高中预备班，学生们一面读高中课程，一面学画。经过三年高中和五年的正规学习，培养出绘画人才。

现在学生的成绩，比过去提高得多了，一方面学习专心；另一方面是学习与实际联系起来了。比如今年毕业的一百七十多人，暑假中都到乡下去搞创作，在他们完成的"毕业论文"式的作品中，有的画得简直好极了。过去画农民，总是不生动。因为思想感情和农民是有距离的，经过几年的学习，有的参加了土地改革运动及其他社会运动，因此，学生们的作品，无论是思想感情、题材选择或者画面处理上都得当，所以画出来的就必然是活生生的现实社会中的农民了。

六、亲自教素描

今年暑假，学院曾办了一个进修班。参加进修学习的有各地来的教授、讲师和美术工作者。我每星期去两次关于素描的课程。时间虽然只一个多月，但是，大家的热情很高，要求进步的心很切，所以成绩很好。这些现象，都是过去我们不能想象。

七、只想作画

最后，丁楚问他今后的打算时，悲鸿说："我只想，好好地画些画，——哦！还有，想到南方去走走，看看许多多年不见的老朋友。"

中国艺术的贡献及其趋向

中国艺术对世界的贡献，我们自己倒似乎不大在意，而在欧洲各邦以及敌国日本的学者却对之异常关切，深为赞美。其最简单的原因是中国艺术的发展早于欧洲一千多年；当中国艺术已经达到成熟圆满的时期，欧洲的艺术还是萌芽襁褓之际。但仅有悠久的历史也不一定有光辉的成就，又好在中国地大物博，天赋甚厚，西有嵯峨接天的雪山，东临浩渺无涯的苍海，有荒凉悲壮的大漠长河，有绮丽清幽的名湖深谷，更有许多奇花异草、珍禽怪兽：艺术家浸沉于这样的自然环境，故其所产生的作品，不限于人群自我，而以宇宙万物为题材，大气磅礴，和谐生动，成为十足的自然主义者，和欧洲文明的源泉古希腊的艺术，恰好是一个显明的对比：希腊艺术完全在表现人的活动，不及于"物"的情态。这种倾向的影响在西方既深且久，所以欧洲至今仍少花鸟画家，而多人像画家。

中国艺术在汉代已经达到很高的水准，且汉代艺术可算是中国本位的艺术，其作品正所谓大块文章，风格宏伟，作法简朴。最近在四川出土的汉代石刻画，其中有一幅是一个人以树枝戏猴，姿态极其自然生动，具有最大的艺术价值，确是一件杰作，可见当时的中国艺术已能充分发挥自然主义的精神。不过从后汉到唐代，约有六百余年，中国艺术受了印度的影响，尤其是佛像画，大多感染了印度的作风，已看不出汉画的精神。这时的题材也较偏重于理想的宗教画和人物的故事画，甚少对自然的兴感。直到大诗人王维出世，才建立了新的中国画派，作法以水墨为主，倡画中有诗，诗中有画，成为后世文入画的鼻祖，也完全摆脱了印度作风的束缚。

也许我们不免艳羡欧洲文艺复兴时期的光辉灿烂，可是他们直到十七世纪还极少头等的画家，也没有真正的山水画。而中国在第八世纪就产生了王维。王维的真迹现在已成为绝响，但他的继起者如范宽、荆浩、关仝、郭熙、米芾诸人，现在还留有遗迹，如故宫所藏范宽的一幅山水，所写山景，较之实在的山头不过缩小数十倍，倘没有如椽的大笔，雄伟的魄力，岂能作此伟大画幅！又如米芾的画，烟云幻变，点染自然，无须钩描轮廓，不啻法国近代印象主义的作品。而米芾生在十一世纪，即已有此创见，早于欧洲印象派的产生达几百年，也可以算得奇迹了。

中国自然主义的绘画，从质和量来看，都可以占世界的第一把交椅，这把交椅差不多一直维持到十九世纪，欧洲才产生了几位伟大的风景画家，能够把风雨晴晦，朝雾晚霞，表现得非常完美。过去中国所能做到的，他们已能用另一种面目来完成；而我们自己，倒反而贪恋着前人的成就，逐渐消失了对自然的兴感，和清新独创精神！

可是中国的花鸟画，在世界艺术的园地里还是一株特别甜美的果树，也许因为中国得天独厚，有坚劲而纯洁的梅花、飘逸

的兰草、幽秀的水仙，这些在世界上都要算奇花异卉，为他国所无；而又确实能表现中国艺人的独特品性，中国民族的特殊精神，因此中国产生了许多伟大的花鸟画家，如宋徽宗、徐熙、黄筌、黄居寀、崔白、赵昌、滕昌祐等，作品均美丽无匹，直到现在全世界还没有他们的敌手。此外我国的漆器、丝织品、玉器、瓷器等，亦有极大的艺术价值；尤其是玉器，是世界艺术的一朵奇葩。

在建筑雕塑方面，我国深受印度的影响，如唐代的各种洞庙，完全是模仿印度的，其中有些佛像简直是从印度而来。现在印度的洞庙据统计还有一千多个，单是孟买附近七八世纪时的洞庙还有五十多。所以在雕刻及寺院建筑方面中国没有什么特殊的建树。可是在绘画方面，中国虽曾受印度的影响而没有失掉根本的精神，这种新影响正是以使其更加发扬光大。印度在中古时代，虽亦曾受中国的影响，但并没有繁殖开花。当中国的绘画已经成熟，达到崇高典雅的时期，印度的绘画仍停滞在孩提时代。

我国的绘画从汉代兴起，隋唐以后却渐渐衰落，这原因是自从王维成为文人画的偶像以后，许乡山水画家都过分注重绘画的意境和神韵，而忘记了基本的造形。结果画中的景物成为不合理的东西，毫无新鲜感觉的东西，却用气韵来做护身符，以掩饰其缺点，理论更弄得玄而又玄，连画家自己也莫名其妙，如此焉得不日趋贫弱！

到了南宋时期，高宗在杭州建都，太湖附近成为中国绘画的核心垂七八百年之久。元初文人画发展到最高峰，但已丧失了庄严宏伟的气象。到董其昌时，由于他多才多艺，收藏又丰，成为当时文入画的中坚。但他每幅画都是仿前人，一笔一点，都是仿某某笔——其本意或系谦虚，一面表示师古不敢独创，一面表示不敢掠人之美。不过此风一开，大家都模仿古人，仿佛不模古就不是高贵的作品，独创性消失净尽。尤其是《芥子园画谱》，害人不浅，要画山水，谱上有山水，要画花鸟，谱上有花鸟，要仿某某笔，他有某某笔的样本，大家都可以依样葫芦，谁也不要再用自己的观察能力，结果每况愈下，毫无生气了！

绘画的老师应当不是范本而是实物。画家应该画自己最爱好又最熟悉的东西，不能拿别人的眼睛来替代自己的眼睛。在四川，峨眉山极其雄伟，青城山极其幽秀，三峡极其奇肆，四川人应当能表现它们，何必去画江南平淡的山水；广西人应当画阳朔；云南人应当画滇池洱海；福建有三十多人不能环抱的大榕树，有闽江的清流，闽籍女子有头上插三把刀的特殊装束，都是好题材，而林琴南先生却画那些八股派的山水，岂不可惜！还有一位甘肃人画竹子找我看，我告诉他从甘肃走一千里还看不到竹，为什么要画和自己那样疏远的东西呢？一个人宁愿当豆腐店老板，不要当大银行的伙计，因为老板有主张有自由，才谈得上表现；伙计丝毫没有自由，只是莫名其妙，胡乱受人支配而已。

所以艺术应当走写实主义的路，写自己所不知道的东西既是骗人又是骗自己。前人的佳作和传统的遗产，固然应该加以尊敬，加以研究和吸收，但不能一味因袭模仿。假如我们的艺术作品要参加一次国际展览，只要稍不小心，一定会有千篇一律山水，或者净是花鸟，或者画面上全是长袖高髻的美女、道袍扶杖的驼背翁。也许竟完全看不到地大物博的中国、现代力求自强的

中国,这岂不是现代中国画家的耻辱?

　　过去我们先人的题材是宇宙万物,是切身景象,而且有了那样光辉的成就,我们后世子孙也该走这条路,不要离开现实,不要钻牛角尖自欺欺人,庶几可以产生伟大的作品,争回这世界美术的宝座!

复兴中国艺术运动

吾本欲以建立中国之新艺术为题，只因吾国艺术，原有光荣之历史、辉煌之遗产，乃改易今题。所谓复兴者，乃继承吾先人之遗绪，规模其良范，而建立现代之艺术，藉慰吾人之灵魂，发挥吾人之怀抱，展开吾人之想像，覃精吾人之思虑也。在此类种种步骤进行以前，必须先有番廓清陈腐、检讨自我之工作。

第一在思想上，吾先人遗留与吾人之伟制，如建筑方面：有长城、天坛，近在眼前；雕刻方面：有龙门、云冈、宾阳洞、天龙山；绘画方面：有敦煌千佛洞，其伟大之结构，如维摩诘接见佛使文殊师利。此固可视为外来影响，非中土本位文化；但如吾所藏之《八十七神仙卷》（中华书局出版），其规模之辉宏，岂近代人所能梦见！此皆伟大民族，在文化昌盛之际，所激起之精神，为智慧之表见也。无他，亦由吾国原始之自然主义，发展到人的活动努力之成绩也。在古希腊全盛时代，其托利亚式、伊奥尼式、利林斯式三种建筑上，恒以神话人物为雕刻及壁画之题材，产生杰作，不可胜数。惜我国民族天才，为佛教利用，但亦创造了中国型之佛教美术。顾吾国虽少神话之题材，而历史之题材则甚丰富，如列子所称"清都紫微，钧天广乐，帝之所居"，大禹治水、百兽率舞、盘庚迁殷、武王伐纣、杏坛敷教、春秋战事、负荆请罪、西门豹投巫、萧萧易水、博浪之椎、鸿门之会、李贰师之征大宛、班定远之平西域等等，不可胜数，皆有极好场面，且少为先人发掘者。其外如海市蜃楼，亦资吾人无穷冥想。益以民间传说，画材不避迷信，可说丰满富足，无穷无尽也。

在此方面，检讨吾人目前艺术之现状，真是惨不可言，无颜见人！（这是实话，因画中无人物也。）并无颜见祖先！画面上所见，无非董其昌、王石谷一类浅见寡闻，从未见过崇山峻岭，而闭门画了一辈子（董王皆年过八十）的人造自来山水！历史之丰富，造化之浩博，举无所见，充耳不闻。至多不过画个烂叫花子，以为罗汉；靓装美人，指名观音而已。绝无两人以上之构图，可以示人而无愧色者。思想之末落，至于如此！中国三百年来之艺术家，除任伯年、吴友如外，大抵都是苏空头。再不自觉，只有死亡！以视西方Parthenon、Halicarnassus陵之雕刊，以及达文西之《末日餐》、米该郎楫罗之《末日裁判》、拉飞罗之《雅典派》、帝襄之《圣母升天》、丁笃来笃之《圣马可之奇迹》、鲁彭斯之《天翻地覆》、范拉司该之《火神》、伦勃郎之《夜巡》，近代若吕特之《出发》、特拉克罗幻之《屠杀》、门赤尔之《铁工厂》、夏凡纳之《和平》、骆荡之《地狱门》等作，真是神奇美妙，不可思议。彼有继起，而吾中断，但以吾先人之遗产比之，固毫无逊色也。然问题是现在与将来，而非既往——昔日之豪华，不能饱今日之枵腹也！

二论技巧：古人形容高贵精妙之技术，曰传神阿堵，曰真气远出，曰妙造自然；今人之所务，仅工细纤巧而已，且止于花鸟草虫；其外已少能写人像之人，少能画动物之人，少能画界画之人，少有能画一树至于高妙之人。虽多画花鸟虫鱼之人，而真精能与古人抗手者，不过三五人而已！以中国之大，人民之众，艺事之衰落，至于如此，若再不力图振奋，必被姊妹行之科学摒弃！更无望自立于国际！

吾人努力之目的，第一以人为主体，尽量以人的活动为题材，而不分新旧；次则以写生之走兽花鸟为画材，以冀达到宋人水准；若山水亦力求不落古人窠臼，绝不陈列董其昌、王石谷派人造自来山水，先求一新的艺术生长，再求其蓬勃发扬。大雅君子，幸辱教之。

新国画建立之步骤

近日有北平美术会者发传单攻击敌人,本系胡闹,原可不计,惟其所举艺专事实全属不确,淆惑社会听闻,不能不辩。

传单所举本校此次招生,国画组仅取五人,实则此次录取国画系学生系十三人,超过其所举之数一倍多。此固非为满足名额,全凭成绩,倘成绩不佳,或竟一人不取。

本校去年重办,定为五年制。国画、西画、雕塑、图案在第一、二年共同修习素描,第三年分班。已呈准教育部在案。传单所举三年素描,显非事实。仅举两点,已均为无的放矢。

此在一糊涂孩子偶欲发泄稚气,心血来潮,发一传单,骂所不痛快之人,情亦可谅;但为一堂堂学术团体,不先将事实调查清楚,贸贸然乱发传单,至少可谓不知自重,自贬身份。

至攻击不佞为浅陋,此固无足怪。但不佞虽浅陋,中国历史上之画家我所恭敬的王维、吴道子、曹霸不可得见外,至少曾知周昉、周文矩、荆浩、董源、范宽、李成、黄筌、黄居寀、易元吉、崔白、米元章、宋徽宗、夏圭、沈周、仇十洲、陈老莲、石谿、石涛、金冬心、任伯年、吴友如等人,彼等作品之伟大,因知如何师法造化,却瞧不起董其昌、王石谷等乡愿八股式滥调子的作品。惟举董王为神圣之辈,其十足土气,乃为可笑耳。

故都不少特立独行之士，设帐授徒，数见不鲜，相从问道者所在多有，此固足以辅佐学校教育之不足。至于国画，仅为艺专中学科之一部。征诸国家之需要与学生之志愿，皆愿摹写人民生活，无一人愿意模仿古人作品为自足者。故欲达成此项志愿与目的，仅五年学程，倘不善为利用，诚属重大错误。两年极严格之素描仅能达到观察描写造物之静态，而捕捉其动态，尚须以积久之功力，方克完成。此三年专科中，须学到十种动物，十种翎毛，十种花卉，十种树木以及界画。使一好学深思之士，具有中人以上察赋，则出学校，定可自觅途径，知所努力，而应付方圆曲直万象之工具已备，对任何人物、风景、动植物及建筑不感束手。新中国画至少人物必具神情，山水须辨地域，而宗派门户，则在其次也。所谓物有本末，事有终始，知所先后者，理宜如是也。

素描为一切造型艺术之基础，但草草了事，仍无功效，必须有十分严格之训练，积稿千百纸方能达到心手相应之用。在二十年前，中国罕能有象物极精之素描家，中国绘画之进步，乃二十年以来之事。故建立新中国画，既非改良，亦非中西合璧，仅直接师法造化而已。但所谓造化为师者，非一空言，即能兑现，而诬注重素描便会像郎世宁或日本画者，乃是一套模仿古人之成见。试看新兴作家如不佞及叶浅予、宗其香、蒋兆和等诸人之作，便可征此中成见之谬误，并感觉到中国画可开展之途径甚多，有待于豪杰之士发扬光大，中国之艺术应是如此。读万卷书，行万里路，或为一艺术家之需要。尊重先民之精神固善，但不需要乞灵于先民之骸骨也。

新艺术运动之回顾与前瞻

中国科举制度，桎梏千年来无数英雄豪杰，其流弊所中，遂造成周遍的乡愿。绘画原是职业，从文人画得势，此业乃为八股家兼职——凡文化上一切形式，苟离其真意，便成乡愿；八股当然为乡愿之正式代表——于是真正画家，被贬为不受尊敬之工匠。王维脱离印度作风，建立纯粹之中国画，却不料因其诗名，滋人妄念，泽未千年，竟断送了中国整个绘画。天下一切事理之循环，往往如此，不可不深长思也。

夫人之追求真理，广博知识，此不必艺术家为然也；惟艺术家为必需如此，故古今中外高贵之艺术家，或穷造化之奇，或探人生究竟，别有会心，便产杰作。但此意境，与咬文嚼字无关。中国千年来，以文章取士，发明八股，建立咬文嚼字职业，不知若仅仅如此，亦低能中之颇低者也。此段空论，似与艺术无关，但真正艺术品之产生，与夫文化史上大杰作之认识，必须具此精湛之思想，否则必陷于形式一套，欲希望汤之盘铭，所谓德之日新又新，必不可得也。

中国艺术史，极少划时代之运动，如欧洲之浪漫主义、印象主义等等。但南宋既亡，院体随绝，隐逸之士，多写山水，仍绍王维之绪，如元代诸家。明虽不振，但天才辈出，如沈石田、仇实父、陆包山及陈老莲，俱是巨匠，不让前人。顾董其昌借其名位，复是大收藏家，于是建立一种风气。乃画家可不解观察造物，却不可不识古作家作风与派别，否则便成鄙陋。此则不仅以声望地位傲人，兼以富厚自骄，恶劣极矣。于是遂有四王，遂有投机事业之《芥子园画谱》。此著名之《芥子园画谱》，可谓划时代之杰作。因由此书出版，乃断送了中国绘画。因其便利，当时披靡，八股家之乡愿学画，附庸风雅，而压低一切也。

吾于此方入正题。若有人尽量搜集三百年来之中国绘画，为一盛大展览，吾敢断定其中百分之九十二为八股之山水。其中有极为稀少之人物画。此外若冬心、板桥、石谿、八大、石涛、瘿瓢等作品，合占百分之七八而已，其黑暗如此。

古之文人画，原有其高贵价值。不必征诸古远，即如冬心之桃花，未见其匹也。板桥画竹，亦维持记录至于今日。便无胸襟，纯以艺论，二人已足不朽！并非如末世文人画之言之无物也。夫有真实之山川，而烟云方可怡悦，今不把握一物，而欲以笔墨寄其气韵，放其逸响，试问笔墨将于何处着落。固有美梦胜于现实生活，未闻舍生活而殉梦也。虽然，中国文人舍弃其真感以殉笔墨，诚哉其伟大也。

太平天国之后，上海辟作洋场。艺术家为糊口计，麋集其地。著名画家如任渭长、阜长兄弟，与渭长之子立凡，尤以中国近世最大画家任伯年生活工作于此，为足纪。诸人除立凡以外，皆宗老莲。尚有吴友如为世界古今最大插图者之一，亦中国美术史上伟人之一。若吴昌硕、王一亭亦皆曾受伯年熏陶者也。

艺术家树立新风，被诸久远。而学校之设立，亦为传播艺事之工具。其开风气者，如南京之高等师范，所设之艺术科，今日中央大学艺术系之先代也。至天主教之入中国，上海徐家汇，亦其根据地之一。中西文化之沟通，该处曾有极珍贵之贡献。土山湾亦有习画之所，盖中国西洋画之摇篮也。其中陶冶出之人物，如周湘，乃在上海最早设立美术学校之人；张聿光、徐咏青诸先生，俱有名于社会。张为上海美术学校校长，刘海粟继之。而刘尤为蔡元培、叶恭绰诸氏所赏识。其画学吴昌硕、陈师曾，亦摹仿法国女画家Rosa Bonheur作品。汪亚尘画金鱼极精，设新华艺术学校，亦上海艺术家集合之中心也。

十八世纪意大利米拉那人郎世宁，曾为乾隆供奉。以西洋画画于中国素绢上，渲染精细，颇倾动一时。迨民国以来，故宫珍藏开放，郎世宁作风，又一番被摹仿，但限于北京。北京虽易民国，而生活一切未改变。民国初年，画家之著者，如陈师曾、金拱北皆是。而国立艺专于以设立。厥后齐白石，亦卜居西城，中国老画家之最有近代气氛者也。

南中以广州为最富庶，故多应运而生之杰。中国洋画家之老前辈，当首推李铁夫，今年七十余，其早年所写像，实是雄奇。惜乎二十年来，以吃茶耗其时日，无所表现。新兴之折衷派，以高剑父、奇峰兄弟及陈树人先生为首，世称岭南三杰，所作以花鸟居多。此风自明林良以来已然，今益光大，俊杰辈起，克昌厥派。而潮州尤多才艺之士，其前途未可量也。

中国自身之革命，苏联之革命，世界之两次大战，皆在此三十年中。各国为所掀起之文艺波澜，自不一致。但其最显著之事实，乃民族思想之尖锐化。此在大同主义实现以前，各文化特质之一番精滤，而吾国绘画上于此最感缺憾者，乃在画面上不见"人之活动"是也。

吾所期于人之活动者，乃欲见第一第二肌肉活动及筋与骨之活动。管他安置在英雄身上或豪杰身上，舟子农夫固好，便职业强盗亦好。因为靠着那几条骨头，那几条筋之活动，吾人方有饭可吃，有酒可饮，有生可乐，而有国可立。这种活动，在画面上，宽衣大袖，吊耳琅珰之高人，是不参加的。

我只求画中人身体上那几个部门活动，颇不注意他的社会阶级。有许多革命画家，虽刊画了种种被压迫的人们，改变了画风，但往往在艺术本身，无何等贡献。

有此观察，艺术家职责方无可躲避；有此观察，艺术家方更有力量；发掘自然之美，而吾国传统之自然主义，有继长增高的希望。中国前代典型之文人既日少一日，则其副业之文入画只余残喘。但吾非谓艺术家固当居于茫昧，胸无点墨，而退出文人以外也。相反的，艺术家应更求广博之知识，以美备其本业，高尚其志趣与澄清其品格，惟不甚需咬文嚼字之低能而已。

抗战改变吾人一切观念，审美在中国而得无限止之开拓。当日束缚吾人之一切成见，既已扫除，与初尚仿徨，今则坦然接受、无所顾忌者，写实主义是也。而国际画商大组织投机事业之法国达达派、德国表现派、意大利未来派、日本二科等等，在中国原立足不稳，今尤遭受大打击，不容留于吾人脑海中。此类投机分子，三年来销声匿迹，不再现形于光天化日之下。战争兼能扫荡艺魔，诚为可喜，不佞目击其亡，尤感痛快。而当日最为猖

獗之法国巴黎，运命如此，亦使人发深省也。

图案美术，本为吾国文化上光荣之一。惟革命以还，吾人之生活方式，迄不得一当，礼乐既坏，器田大窳。抗战之后，吾人将知此后如何生活，经济问题，必得将当安定，则此类装饰生活之具，势须创制或改进，无可疑者。吾国之漆器，光明不远，因有沈福文君工作。吾国之陶瓷，吾国之织物，必将再现先人光烈，因吾国今日固不乏卓绝之专家从事于此也。

开发西蜀，汉人之奇迹出现于世，新津出土之汉代浮雕，乃中国美术上无上之奇——画家与雕刊家，俱于此得导师，豁然获见吾族造型艺术上之原有精神——简朴而活跃，可称世界美术中最具性格之作。若成都省立博物馆中十余大片之汉石刊，与华西大学不少汉塑，皆昔人绝未寓目之珍品。吾人对之固无异十八世纪末年Pompeii及Herculaneum古城之发现，而奠定欧陆洛各各后之古典主义也。抑吾壮烈之抗战史实，既足以激荡吾人之灵魂，而吾先民之伟制，适于同期出世，昭示吾人其阔大雄奇作风。倘文艺而不复兴，吾国此际艺人，何颜而立于人世乎？尚欲坚守四王灵幡而抱残守缺乎？尚欲乞灵于马踢死乎？尚欲借重八大山人之名，以掩饰斑点乎？噫嘻！

中国艺术家当前之危机，厥为生活艰难，自昔已然，于今为烈，作家资艺谋生，多所贬节；而初学者，亦图急功近利，无远大抱负。政府只知迁就事实，守着有饭大家吃的政策。不肯毅然有一显明之褒贬，可云遗憾。

油绘在中国，已建立健全基础，倘此群作者，再吸孔、墨、老、庄、马、陶、李、杜等人所制之乳，便不难将Awaro

Kideshevara变成送子观音，明眸皓齿，家家供养。

中国之新雕刻家，俱无良好健康，而小品太不发达，极为憾事。因定件不可强致，且自动之工作，方为艺术家正常生活工作。惜诸公未留心Tanagra、Myrira、汉人、北魏人、隋唐人之作俑者，活泼天真也。

吾于是想念木刻名家古元。彼谨严而沉着之写实作风，应使其同道者，知素描之如何重要。总而言之，写实主义，足以治疗空洞浮乏之病，今已渐渐稳定。此风格再延长二十年，则新艺术基础乃固。尔时将有各派挺起，大放灿烂之花。

中国今日急需提倡之美术

吾人对艺术之需要，以恒情论，必在国家承平之世，人民安居乐业之时，所谓衣食足而后礼义兴也。我国今日可谓萃千灾百难于一身，芸芸众生，强者救死不遑，弱者逃死无所，语以艺术，无乃有言不以时之消。顾爱美恶丑，出自天性，昔人研究最初人类之有衣服，其动机盖全出于审美之念。况吾人生长文化最古之邦，若必欲强其归真返璞，是何异闭聪塞明，重返原始生活！背进文化之原理，为事理所不可通，而况正道不彰，异说斯炽。吾人已往艺术之继承、现代艺术之改进，与未来艺术之创造，多有可商榷者，而以国家之力所提倡之艺术，尤必须与以正确之方针，此尤为急不可缓者也。

譬之平地筑屋，可以独辟蹊径，自奠基础，为事至易。苟欲毁一恶宅，从而另建，则增摧毁之劳；倘遇荆棘丛生之地，复多斩伐之苦。从事艺术者，其难易顺逆之境，盖足与此相衡。人之天性，可与为善，而其惰性，最易作恶。故提倡者与投机者，恒不须臾离。庄子已有胠箧之惧，而先为制箧之谋，引人实箧，从而窃之。君子既可欺之以方，社会遂蒙污垢之耻，故反其道而提倡美术，结果恒得丑术，一如投机份子之从事革命，而多水深火热之罪恶也。

　　世界革命之目的，在消除一切阶级，维护思想自由。中国革命之目的，固无二致。而尤要者，则为绝灭鸦片，严禁裹足，减少赌博之害。故中国之提倡新式美术，固应以杜绝外国美术八股为旨归，但于世界共同语言之原则，不可不诚意遵守。此原则维何？即于治艺者造端之际，正其视听是也。

　　为学之道，先求知识；知识既丰，思想乃启。否则思想将无所着落，而发为言论，必致语于不伦。今日中国之少年美术家，俱知七十年来之各派名词，而叩以史各班史、铎奈推罗等巨人，或郑虔、范宽为何代何国人，盖不知也。至于人体解剖，更茫然莫解。岂非教育颠倒，提倡背道之明证耶。此就纯正美术言之，犹未入于本题，目下就国势国力而言，欲在艺术上学致其用，用求其实，而有赖于国家力量之提倡者，盖无过于图案美术者也。

　　纯正美术，远于功利，对于社会，鲜直接之影响。图案美术之旨，在满足人类之生活，如绸之为物非不细软，但色泽花纹苟不佳，人即无取，反服色泽匀称之布，非以廉也。故制之失宜，金玉丧其值；制之合法，土木显其功。如中国之丝、之漆、之瓷、之木料，皆天下之美质也。吾先人殚思苦虑，用之至当，乃著其名于大地。各国收藏，视若至宝。五十年来，文化衰落，人习于惰，作焉不思，传及两代，真意全失。故外物充斥，罔有纪极，倘不急起直追，必致危亡不救。考欧洲大邦，皆设图案美术专校，吾国今日，先宜绍述古制，采取新法，利用美质，造作珍奇。粗者供日用，精者备收藏。且图案之术，能化恶为美；应用之当，俭之获过于奢。国人美感，于以养成。夫人之嗜好，赋诸天然，不能相强，故徒为爱国之空言，提倡国货之高论，其收效仍微者，盖未能揣其本也。国货佳者，无俟提倡；其不佳者，奖誉无益。图案美术，乃促进一切工艺之不烦工本而克臻美善之学也。今日国产绸缎、绣品、陶瓷、漆器、木器等日用必须之物，俱无法自存。一言以蔽之，其形式、颜色，恶劣不堪，望而生厌，故无人过问也。四年前，吾游福州，归时思购百元之漆器，结果只用去三十余元，因其物象，实不能令人起热烈之欲。去年游南昌，于瓷器之感想尤劣。夫预备消耗者，尚不能令其消耗，可深悲矣。因忆昔游比国岗城，见其玻璃花瓶数百种，无一不美，恨不能一一购之，以此例彼，真如霄壤。

　　人贵尽其才尽其用，并不以智愚巧拙而分等级。如耕者之不善属文，亦犹士之不解执耒耜也，各得其用，社会以宁。故文明国家之培养艺术人才，亦各尽其才之用，使借一艺以自立，无事营求。吾国公私所立美术学校，无虑数十，而无一注意图案美术者。其生徒类皆学画，其出路，恒充教员。天才出现，恒数世而不一觏，安得同时有数万之作家。至人之营求衣食亦属应当，惟此等未成熟之画家，其执业，即无裨于世，复大背乎学。驯至社会美术，似发达而实无美术品之出现，且距此益远焉。其罪恶不仅消耗人之精神，使之无用而已，盖劣艺不外乎观察不精、背乎自然，其影响之及乎道德教育，能使人不爱真理，苟且欺诈。向使一般资能较低之青年，习图案美术，执一完善之艺，以求生活，必不致混迹教育界，以自误误人也。而社会不特多生产之人，且受其工作实用以外之惠。况今日时髦所尚，必学洋画，工具俱系外来，倘无所得，则徒耗国家经济，允可不必也。

国家惟一奖励美术之道，乃在设立美术馆。因其为民众集合之所，可以增进人民美感；舒畅其郁积，而陶冶其性灵。现代之作家，国家诚无术一一维持其生活。但其作品，乃代表一时代精神，或申诉人民痛苦，或传写历史光荣，国家苟不购致之，不特一国之文化一部份将付阙如，即不世出之天才，亦将终致湮灭，其损失不可计偿。顾美术馆之设，事非易易。鄙意先移其责于各大学，及国立公立图书馆以法令规定，每一国立公立大学或图书馆，至少每年应以五百金购买国中诗家、画家、书家作品或手迹，视为重要文献，而先后陈列之，庶几近焉。

购买选择之权，在各大学或图书委员会；购买之法，或宜购自作家，或国家每年举行美术展览会，同时派人选购。作品之出类拔萃者，与以特别奖励。如是则美术家可得正当之出路；而国家维持文化，又不须筹特别之款项。事之两利，莫过是矣。

今日中国一切衰落之病根，在偷安颓废。挽救之道，应易以精勤与真实，而奋发其精神。进化固有显著之迹，但沿革苟不同，其行程亦异。欧人今日多有厌恶其机械生活，而欢迎东方文明者，其必不足令吾懒惰之国人藉口，可无疑也。若美术派别之变迁，吾国之历史，亦正广大而悠久，不相盲从，当无所谓顽固也。若一味竞趋时髦，不务其根本，社会之弊，漫然不察，坐视他人文明，"迎头赶不上去"。惜国人短见，未尝以美术为文化所关，而忽视至今。若考其情，应不以鄙意为河汉也。

近代美术院缘起

夫民既呻吟、劳瘁于其有涯之生，必当休息、娱乐，以养其操作之力，故为社会教育者因利而导之。先正其视听，予以慰抚，宣其情意，使之流畅，习于安和，从容中道，而群以洽。譬诸植木，土壤既宜，雨露旸若，其发荣滋长，可预断也。稽吾往古盛世之隆，则礼乐咸备。考诸邻邦，则一切美术院、博物馆、音乐会、剧场之设不特昭示其国之文明继长增高，即用以教育人民、乐和大众，于是，生趣洋溢，而国昌盛。兹数者虽效率均等，惟美术院示人以色，有目共见，不需修养而民咸集。如法之鲁勿尔及吕克桑埠画院，英之皇家画院及塔特画院，人之趋赴，肩摩踵接。叩其所以，未必人爱美之心大有加于我，盖劳动者之必息，而美术之陶冶情性乃为息之至大者也。吾国自革命以还，奠都南京，泱泱大邦，世所瞻视，政府所在，机关林立，独无美术院之设，似今日华夏，不足征焉，诚文明之所羞。于是，民众之游息罔知所向，识者憾焉。同人不敏，窃视为急要之图而为之创。惟念灿烂之花皆以瓣聚，江海之水集自细流。倘蒙大雅君子予以援助，或锡以基金，或付以名著，匪惟艺林沾溉，亦福利全民者也。是为启。

艺院建设计划

弁　言

举人所需，必推衣食。顾衣食者，乃免死之具，而非所以为生也。人生端赖生趣，生趣云者，乃人之官能，得备有其职司，尽其长，扬其功，于是体质强健，精神康泰，愉悦安乐，而得大和，克称有福。夫善理国者，使人民各享其福云耳。人之伟者，乃发挥其能力之优，与人以福云耳。故至德峻极，悦吾神明；美味妙香，恣吾尝向。苞壮举巨观，则喜跃抃舞；处迅雷风烈，则身震心惊；视惨剧而神伤，感悲情而陨涕；见冤抑而愤怒，聆快语而气王；拆明理而忧为之忘，接高论而痛为之慰；睹奇构妙造，则凝神一志，似积绪咸宣；听大吕黄钟，则心花怒放，魂魄展扬，颙颙卬卬欲忘其所以。是故诗歌音乐、绘画雕塑、建筑舞蹈，皆至人杰创，为吾暴其情者。复以一切科学，为吾人之御，用智识万有。于是乐而不淫，哀而不伤，应造物之变有方，捍毒厉之侵得术。动用周旋，俱中乎礼；起居服食，适合有节。呜呼噫嘻，所谓文明者非耶！特人不能择地而生，国不能就欲而据，人事日繁，遂渐忘所以为生之道。于是人习于暴，则以杀为乐；

习于诞,则以凌为荣。德之贱者,若偷若惰,若佞若妄,若愚若顽,各缘机以生,岂情之正哉?是未识治而为政者,尸其咎也。夫科学之丰功,美术之伟烈,灿烂如日,悬于中天。而人方呻吟痛楚嗫嚅于幽黑秽臭之乡,不伸手仰目与之接,是愚且鄙,甘自委弃者也。法庚款委员会诸君子,既建设各学院,俾吾人研精致用之学,为人类防御。敢为艺院计划,陈于君子之前,求实行之,令吾人耳目娱焉,所至幸也。

美术院初建时之收藏

物之最易人者,莫逾于美色妙像。故至人得其机造,兴其所感,令之永停,人乃得随时感其妙感,是绘画雕塑之能也。吾先人性嗜毁坏,灭大奇伟构,不可胜计,致世之研究中国文物者,只神往于章句记载之间。如虙祈、阿房,早失其迹;既欲一见顾(恺之)、陆(探微)、张(僧繇)、阎(立本)、吴(玄)、曹(霸)、王(宰)、郑(虔)真笔,不可能也。人情喜畅,诣贵至,故举人必推孔子,举文必称左、庄、屈、马,论诗必颂三百篇,言力勇必称乌获、孟贲。欧人亦然,如荷马、飞弟亚史、唐推、莎士比亚、莫理埃、望埃克、米该郎棋罗、费音楼、拉飞罗、范拉司该、伦勃郎等流泽广被。举其名,似曾相识。良以人情物象,至复且赜。苟非圣人,罔克尽宣。故名人一画,价逾亿兆,残稿简描,亦等球圆。无他,因其皆为人类偶然撷获之妙像也。若悉如吾先人之嗜观火,举而尽烧之,虽世界今日,谓之无文明可也。但美术史上诸巨人真迹,欧人数世珍护,竭力搜求,尚可考览。其存者已成各国国宝,间有藏在私家者,无论其无缘出售，即有之，吾人亦乏此物质能力，可资据有。无已，仅能以副本餍吾愿望而已。顾一美术院所纳，悉系副本，其为慰情，良叹不足。幸也百年中乃挺生巨人，其为艺，可抗颜飞米；其为力，可颉顽裴多文；其著作之多，直凌驾一切塑师，法国大塑师骆荡是也。其遗命，悉以其著作模型赠与国家，国家为建专院陈其杰作。吾人既得赞美其艺，更得购致而据有之，噫嘻盛哉。

Auguste Rodin（一千八百四十年生于法京，没于一千九百十七年）为世间三百年来第一塑师，其艺与古希腊之Phidias、意大利文艺复兴时代之米该郎楫罗鼎足而三。其艺由极强固之写实主义，入于漂渺寥廓之理想界。晚年所雕，俱微妙至极，开梦境诗境之门，得象与状神理，雕刻中向所未有者也。其价值已为全大地赏鉴者共认，无俟赘述。谨以其最脍炙人口之大作影本附后。

鄙意以为必欲致之者，忆廿五年夏，吾游其院，询铸价时，司事者指《千雷六义士》及《亚当》，谓吾曰："此日本某定铸者也，一星期后上船东行矣。"独吾国人无此眼福。吾心诚悻，要亦中法诸同人共有之憾也。

…………

至如埃及美术中之Beine（藏Louvre），安西里美术中Lionre Clerree（藏伦敦不列颠博物院），又如米该郎楫罗杰作主要者十余种……均艺史上之大奇，不可不购其模型者也（合前约三万金）。画中大奇，世有三家，摄影所皆全而不缺。在意有Anderson，在德有Hanfstenge，在法有Braun，以法国者为最佳，价亦最昂（约四五千金），聚之千幅，大致已备，非难举之事也。

意大利今健在之美术家如塑师Bistosfi za ri，其作不可一世，如有缘得其作品或副本，均足为本院之荣。艺院既建，学子就学有所，庶几有真艺人真艺术产生。否则才也弃不才，而不才者信口胡吹，永成无艺术而混沌之世。可悲孰甚，可耻甚耶（中国固有之艺，非借特殊设施不能再兴。吾之计划，实间接能令中国文艺之复昌）。

中国艺术的没落与复兴

中国艺术没落的原因，是因为偏重文人画。王维的诗中有画、画中有诗那样高超的作品，一定是人人醉心的，毫无问题。不过他的末流，成了画树不知何树，画山不辨远近，画石不堪磨刀，画水不成饮料，特别是画人不但不能表情，并且有衣无骨，架头大，身子小。不过画成，必有诗为证，直录之于画幅重要地位，而诗又多是坏诗，或仅古人诗句，完全未体会诗中情景。此在科举时代，达官贵人偶然消遣当作玩意。至于谈到艺术，为文化部门——绘画尤为文化重要项目——以他去发挥人的智慧、品性，和诗词、小说、音乐、戏剧，同其功用，那么，这一类没落的中国画，是担当不了这个使命的。

王维、吴道子的高风，不可得见，其次者如马远之松、夏圭之杉，亦难得见，在今日文人画上能见到的不是言之有物，而是言之无物和废话。今日文人画，多是八股山水，毫无生气，原非江南平远地带人，强为江南平远之景，惟摹仿芥子园一派滥调，放置奇丽之真美于不顾。我得声明，我并非唯物论者，不过曾经看到如此浮泛空虚、毫无内容之画，如林琴南，原是生长在高山峻岭、长江大河、巨榕蔽天、白鹭遍地之福州，偏学我江苏不甚成材之王石谷，其无志气，既可想见，其余更无论矣。

海派造型美术、绘画雕塑，遭到逆流，这完全是画商作怪，毫无疑义。本来艺术为人类公共语言，今乃变成了驴鸣狗叫都不如，驴鸣多为求偶，狗叫尚为警人，都有几分为了解的表情也。天下只有懂得人越多越发伟大的作品，如希腊雕刻、文艺复兴时代重要作品、吾国唐宋绘画，其妙处万古常新。敢武断说一句：没有人懂得就不是好东西，比如食物哪有不堪入口而以为美味的呢？除非是狗屎一类的东西。并且，以我的经验，凡是不成材的作家，方去附和新派，中外一样，可想见其低能，以求掩饰之苦心了。

这类新派名目繁多，在意大利为未来派，在德国为表现派，名虽不同，其臭则一。搞到如此，有光荣历史之法国，目下已找不到几位真能写画的人，岂非悲运。不知各类艺术，多有其自然之限制，勉强不得。如雕塑之不能做成飞的形态，除非浮雕。未来派画猫八只脚，说是动的情形，如此是想要以画与电影竞赛，何能济事？只求味好，不必苛求，香气能香固好，但香而味不好，于口毫无益处。如诗的境界，音乐的境界，能有，固然于画有益，若专求诗境乐境，而生画境，这手和眼睛便为无用。试问音乐不为听，味不中口，图画雕刻不为看，这还不是白费精神，暴殄天物？所以，我批评这一类艺术家，总之为以机器遗造石斧。原始人时代用手制成之石斧，自然可当文化之胎，现在用二十世纪完备之机器去制造石斧，抑何可笑？京调只思媚俗，相习成风，不图进取。须知要晓得我们的敌人日本，既解除武装，只有覃精文治，他们以后全国人都是中学毕业，知识水准提高，又能集中精力于艺事，他们又有普遍的爱好，丰富的参考标本，不像我们只藏得有几张四王、恽、吴山水。在世界文化界角逐起来，我们要不要警惕！我们在一切上都应当放大眼光，尤其在艺术上不放大眼光，那真不行。讲到这里，我又要批评只用作风区别南北两宗派之无当。用重色金碧写具有建筑物的山水，以大李将军为师，号北宗；用水墨一色，以王维为祖的号南宗。何不范宽的华山的为华山派，倪云林江南平远的为江南派为得当。因如此，便能体会造物面目，如法国十九世纪能成为技尔皮茸派是也，专写湖沼、水光、大树、森林，缀以农夫耕牛，而无高山峻岭之雅。

假使能如此分派，则这卢雁岩、黄山、太华、九嶷、罗浮、武夷、天台、青城、峨眉、鼎湖、赤城，将有真面目，并且约略看见些各地的鸟兽、草木，助长些遐想的。对不起，吾又要加入一支插曲：民国二十六年抗战初期，我在重庆，四川省教育厅请我主考四川省中学图画教员，要我出题目，我便出两个如下之题目："至少两个四川人，在黄角树下有所事，黄角树不画树叶。"弄得试生束手无策，原定两点钟内完卷，半小时过，尚无消息。开始议论，抱怨的说这个不像题目：难道四川人与别地有啥子两样，况且不画树叶怎么会表示出什么树？为我听见，我便答道：正因为你们都是这样想法，所以我要考你们，对于事物的观察如何。你们即考上，亦不过一个中学教员，我当然不责备你们交出什么杰作，不过治艺术，惟一要点是观察能力。比方黄角树，画的身干盘根枝节，何必用叶子来表示？中国画家画树，除松树树身上圈几个圈外，千篇一律。画杨柳敷赭色，画点圈便叫

125

柏树，对树木树干树枝完全不理，这算作画么？至于人相，如果用人相来区别，当然较难。比如说，广东人眉目距离更近，湖南人下颔内削而小，常多露齿。北方人殊黑，较南方人为自然。画出区别不容易，不过要人一望而知为四川人，那最容易不过了。头上缠块白布，穿上长衫光了脚，不即是四川人么？所谓有所事，即摆龙门阵也好，赌钱也好，耕地也好，摇船也好，极度自由，有什么难呢？他们释然大悟，但总觉得题目有些别扭，因为完全出于他们想象以外。交卷后，细阅之，当然没有佳卷，因为他们所学，是另外一套，全离开事物，而全不用观察也。

我所谓中国艺术之复兴，乃完全回到自然，师法造化，采取世界共同法则，以人为主题，要以人的活动为艺术中心。舍弃中国文人画独尊山水的荒谬思想。山水非不可学，但要学会人物花鸟动物以后，如我国古人王维，样样精通，然后来写山水。并不是样样学会，方学画山水，因为山水是综合艺术，包括一切，如有一样不精，便即会露马脚。哪有样样不会，只学一些皴法，架几丛枯柴，横竖两笔流水，即算是山水的办法。考其内容，空无一物。王维、李思训固无物证，但展开李成、范宽的杰作，与近代人物画相较，真如神龙之于蝼蚁，相去何啻霄壤。人家武器已用原子弹，我们还耽玩一把铜剑，岂非奇谈。

音乐有所谓庙堂音乐、房间音乐，如吾国之七弦琴，非不高雅，但只可在房间内燃起一炷香，品一杯清茗，二三人相与欣赏。若在稠人广众之中，容积五六十人的场面，便完全失去他的作用。倘在几千人集合的大厦，一定需要巴哈、斐多文、范拿内的大交响曲，方压得住。中国画习见之古木竹石，非不清雅，但只可供一间小客厅内陈设，若置于周围二三十丈的大展览会，纵是佳作，亦必不为人注意。比之四川泡菜，极为口爽，但不能当作大菜做享宴之用。绘画雕刊，在全盛时代专用作大建筑物上的装饰，供大家瞻仰，后世乃有消遣品出现。惟世界动荡祸乱频仍，大作品随着事变损失，小作品携带容易，后能流传后世。故上古艺圣飞弟亚史的作品，今无所遗，反靠那些出土的诡俑，考见其遗风余韵的影响。吾国唐代画圣吴道子那些在庙宇中的辉煌的大壁画，千百年后，全数毁灭，幸而在敦煌洞窟中尚保存得许多五、六、七、八世纪的佛教壁画，此类作品皆出于无名英雄之手，尚精妙如此，再去想象当年吴道子所作，应当高妙奇美至如何程度！他的画圣尊号，一定不是如王石谷那样凡庸侥幸得来的，我们要拿他作标准。

所以，我们如果希望中国艺术要达到他如唐代的昌盛，第一需要有一群具大智慧而有志之士，如曹霸、王维、吴道子、阎立本一类的人物，肯以全力完成他们的学术，再给他们一些发展抱负的机会，使得他们能够完成他们的作品。其间有一重要条件，即建筑家必须是有艺术修养的学者，而不仅仅是一位土木工程的设计家，根本在墙壁上是不注意的。第二是以后的政治家，必须稍具审美观念，承认艺术是发挥人类思想及智能的工具，不加漠视，使每个时代的代表艺术工作者，留下一些每个时代的记号，供后人欣赏也好，参考也好，取材也好，嘲笑也好。

我并在此郑重指明，要希望艺术昌明，单靠办学校是不够的，惟办学校而又不取光明的途径，便堵死了艺术的生长。因为如不办学校，听其自生自灭，它倒可以自由采取它适合的形式，

或者它自能得着光明的途径；如办学校，而仍走黑暗的道路，则强定一型，以束缚一切，必将使可造之才，斫丧而成废料，其祸比较无学校为尤大。学校的功用，仅仅使一般愿投身艺术工作者得充分启发其才智，如种五谷，使其能充分成熟而已。

除开办设立教学完善之学校以外，真能帮助艺术进步的，莫过于美术馆了。任何文明国都市，都有美术馆的设立，所以陈列古今美术品，亦用以鼓励新进作家。各国用以考验人民文化程度，此亦为其一端。惜乎我国人已知图书馆的重要，独未尝感觉美术馆的重要。图书馆之灌输知识，美术馆之陶养性情，功用是相等的，而美术馆为劳动者之恢复疲劳、儿童之启发智慧，以及慰藉休息时间稀少者，其功用之发挥，较图书馆为尤大。美术馆尤其是艺术天才的归宿地，因为假定吾国真个吴道子、王维再世，或者米该郎棋罗、伦勃郎等转世在中国，他们当真出产了许多惊人作品，而无地方容纳他们的作品，也是枉然。比如现在中国齐白石、张大千、溥心畲、溥雪斋等诸先生作品，除私家收藏外，不能见于公共场所，岂非憾事。问人家喜欢么，我可以答至少一半的群众是喜欢的，否则不成其为文化城之市民。然则何不急急办一美术馆呢？公家的美术馆办得像样，私家的宝贵收藏，自然就会向那里捐出，看郭世五先生向故宫博物院所捐收藏历代名瓷，以及傅沅叔先生将他校勘的藏书几四千部捐入北平图书馆，是其明证。

一般社会之审美观念提高，可以增进对人类美术品的爱好，于是有天才出，便不愁没有发挥才能的机会。人才多了，有意义的作品多了，并藏在公共地方为大家欣赏，并晓得欣赏，那便是文艺复兴了。这件重大的文艺复兴工作，吾人在迎接他的来临以前，有一起码条件，就是要先有清洁干净的穷人。因为清洁的习惯都没有的人，不能希望他爱美术的，正因为美术是人类精神上之奢侈，美术的敌人有二，就是穷与忙；而它真正的死敌，乃是漠不关心。清洁都不注意的人，其他身外之物，当然更不注意了。

我希望此后从事艺术工作的人，第一要立大志，要成为世界上第一等人，作出世界上第一等作品。他的不朽的程度，与中国孔子、司马迁、陶渊明、李白、杜甫，外国的柏拉图、亚里士多德、唐推、莎士比亚、牛顿这一类人等量齐观的。千万勿甘心于一种低能的摹仿一家，近似便怡然自足，若是如此，可算没出息，若真如此的话，吾人热烈期待文艺复兴便无希望，恐怕我们已往的敌人，倒完成他们的文艺复兴了。这是多么需要警惕的事呀！耗费诸位宝贵的光阴——谢谢。

古今中外艺术论

学问云者，研究一切造物之通称。有三人肩其任：述造物之性情者，曰文学；究造物之体质者，曰科学；传造物之形态者，曰美术。

夫人生存之最主需要，曰衣，曰食（或竟曰食，因赤道下人不需衣）。吾则以为衣食乃免死之具，而非所以为生也。人生而具情感，称万物之灵，故目悦美色，耳耽曼声，鼻好香气，口甘佳味。溯美术之自来，非必专为丰足生活之用（满足生活或为饰艺起源），盖基于一时热情（热情或为纯粹美术起源），欲停此流动之美象。是故吾古先感觉敏锐之祖，浩歌曼舞，刻木涂墁，留其逸兴；后之绍之者，理其法，以其同样感觉，继刊木石，敷文采，理日密，法日广，调日逸，于是遂有美术。理法至备，作者能以余绪节之益之，成其体，即所谓"派"，技更进矣。是知美术之自来，乃感觉敏锐者寄其境遇；派之自来，则以其摹写制作所传境遇之殊。故文化等量齐观之各族，相影响，相融洽，相得益彰，而不相磨灭。是境遇之存也，劣者与优者遇，弃其窳粗，初似灭亡，但苟进步，亦能步入理法，产新境界，终非消亡也。

吾昔已历举欧洲美术之起源，如埃及、巴比伦、希腊，以其气候之殊，而有"裸"，中国所以不然之故，诸君当已察及。吾今更举各国境遇之异，派别之殊，如意大利美术伟大壮丽，半由其政治影响；希腊美术影响，亦赖气候之融；范尼史天色明朗，画重色彩；荷兰沉晦，画精明暗之道，尤长表现阴影部分，皆其最显著者也。至吾中国美术，于世有何位置，及其独到之点与其价值，恐诸君亟欲知之者也。请言中国派：

中国美术在世界贡献一物。一物为何？即画中花鸟是也。中国凭其天赋物产之丰繁，其禽有孔雀、鹦鹉、鸳鸯、鹪鹩、鸪鸰、翠鸟、鸿鹄、鹧鸪、苍鹰、鹏雕、鹡鸰、画眉、斑鸠、鸦鹊、莺燕、鹭鸶，及鸡、鸭、鸽、雀之属；花则兰、蕙、梅、桂、荷、李、牡丹、芍药、芙蓉、锦葵、苜蓿、绣球、秋葵、菊花千种，皆他国所希，其他若玫瑰、金银、牵牛、杜鹃、海棠、玉簪、紫藤、石榴、凤仙之类，不可胜计。

花落继以硕果，益滋画材，故如荔枝、龙眼、枇杷、杨梅、橘柚、葡萄、莲子、木瓜、佛手，益以瓜类及菜蔬，富于欧洲百倍。又有昆虫，如蟋蟀、蝗螂、蜻蜓、蝴蝶等，兽与鱼属不遑枚举。热带人民逼于暑威强光，智能不启，而欧洲虽在温带，生物不博。惟吾优秀华族，据此沃壤，习览造物贡呈之致色密彩，奇姿妙态，手挥目送，周有涯涘。用产东方独有之天才，如徐熙、黄筌、易元吉、黄居寀、徽宗、钱舜举、邹一桂、陈老莲、恽南田、蒋南沙、沈南苹、任阜长、潘岚、任伯年辈，汪洋浩瀚，神与天游，变化万端，莫穷其际，能令莺鸣顷刻，鹤舞呭嗟，荷风送香，竹露滴响，寄妙思，宣绮绪，表芳情，逗逸致，

搬奇弄艳，尽丽极妍，美哉洋洋乎！使天诱其衷，黄帝降福，使吾神州五千年泱泱文明大邦，有一壮丽盛大之博物院，纳此华妙，讵不成世界之大观？尽彼有飞弟亚史塑《上帝》、米该郎楫罗凿《摩西》、拉飞罗写《圣母》、范拉司该绘《火神》、伦勃郎《夜巡》、鲁彭斯《下架》、特拉克罗幻《屠杀》、倍难尔《科学放真理于大地》，吾东方震旦有物当之，无愧色也。一若吾举孔子、庄周、左丘明、屈原、史迁、李白、杜甫、王实甫、施耐庵、曹雪芹等之于文，不惊羡荷马、维基尔、唐推、莫理埃、莎士比亚、歌德、雨果也。吾侪岂不当闻风兴起，清其积障，返其玄元？

吾工艺美术中之锦，奇文异彩，不可思议。吾游里昂织工博物院，院聚埃及八千年以来织品；又观去年巴黎饰艺博览会，会合大地数十国精英，未见有逾乎此美妙也，而今亡矣。问古人何以致之？因吾艺人平日会心花鸟之博彩异章，克有此妙制也。日本百年以来，受吾国大师沈南苹之教诲，艺事蔚然大振，画人辈起，其工艺美术，尽欲凌驾欧人而上之，果何凭倚乎？是花鸟为之资也。青出于蓝，今则蓝黯然五色已。欧洲产物不丰，艺人限于思，故恒以人之妙态令仪制图作饰，其所传人体之美，乃为吾东人所不及。亦惟因其人体格之美逾于我，例如其色浅淡，含紫含绿，色罗万彩；其象之美，因彼种长肌肉，不若黄人多长脂肪，此莫可如何事。故彼长于写人，而短于写花鸟；吾人长于花鸟，而短于写人，可证美术必不能离其境遇也。

中国艺术，以人物论（远且不言），如阎立本、吴道子、王齐翰、赵孟頫、仇十洲、陈老莲、费晓楼、任伯年、吴友如等，均第一流（李龙眠、唐寅均非人物高手），但不足与人竞。山水若王宰，若荆关，吾未之见，王维格不全，吾所见最古为董巨，信美矣。若马远、刘松年、范宽及梅道人，亦有至诣。至于大、小李将军，大、小米，及元其他三家，皆体貌太甚，其源不尽出于画，非属大地人民公共玩赏之品，虽美妙，只足悦吾东人。近代惟石谷能以画入自然，有时见及造化真际，其余则摹之又摹，非谓其奴隶，要因才智平庸，不能卓然自立，纵不摹仿，亦乏何等成就也。

是故吾国最高美术属于画，画中最美之品为花鸟，山水次之，人物最卑。今日者，举国无能写人物之人，山水无出四王上者，写鸟者学自日本，花果则洪君野差与其奇，以高下数量计，逊日本五六十倍，逊于法一二百倍，逊于英德殆百倍，逊于比、意、西、瑞、荷、美、丹麦等国亦在三四十倍。以吾思之，足与吾抗衡者，其惟墨西哥、智利等国。莫轻视巴尔干半岛及古巴，尚有不可一世之画家在。

吾古人最重美术教育，如乐是也，孔子而后亡之矣。两汉而还，文人皆善书，书源出于描，美术也。其巨人，如张芝、皇象、蔡邕、钟繇、卫夫人、羲之、献之、羊欣、庾征西等，人太多不具论。于绘事，吾国从古文人多重之，如谢灵运、老杜、东坡，或自能挥写，或精通画理，流风余韵，今日不替。如居京师者，家家罗致书画、金石碑版、古董、玩具、饰物些许，以示不俗。惟留学生为上帝赋与中国之救世者，不可讲文艺，其流风余韵，亦既广被远播，致使今日少年学子，脑海中无"艺"之一字。艺事固不足以御英国，攻日本，但艺事于华人，总较华人造枪炮、组公司、抚民使外等学识，更有根底，其弊亦不足遂令国亡。今国人已不知顾恺之、张僧繇、陆探微等为何人，在外者

亦罔识铎奈推罗、勃拉孟脱、伦勃郎、李倍拉等为何人。顾声声侈谈古今中外文化，直是梦吃。如是尚号有教育之国家，奈何不致中国艺人艺术之颓败，或骛巧，或从俗，或偷尚欲炫奇，且多方以文其丑，或迎合社会心理，甘居恶薄。近又有投机事业之外国理想派等出现，咄咄怪事。要之艺事之昌明，必赖有激赏之民众，君等若摈弃鄙薄艺术，不闻不问，艺人狂肆，必益无忌惮，是艺术固善性变恶性矣。

吾个人对于中国目前艺术之颓败，觉非力倡写实主义不为功。吾中国他日新派之成立，必赖吾国固有之古典主义，如画则尚意境、精勾勒等技。仍凭吾国天赋物产之博，益扩大其领土，自有天才奋起，现其妙象。浅陋之夫，侈谈创造，不知所学不深，所见不博，乌知创造？他人数十百年已经辩论解决之物，愚者一得，犹欣然自举，以为创造，真恬不知耻者也。夫学至精，自生妙境，其来也，大力所不能遏止；其未及也，威权所不能促进，焉有以创造号召人者，其陋诚不可及也。

近日东风西渐，欧人殊尊重东方艺术，大画家有李季福者，瑞典人，稷陀者，德人，皆极精写鸟，尤以李为极诣，盖李曾研究中国日本画也。

里昂为法国第二大城，欧洲货样赛会，规模之大，无过里昂。论西方各国之染织业，里昂绸布可称首屈一指。上述织工历史博物馆现设商务宫之第二层楼，集全世界菁华，他地不易得也。我中国人无此大魄力，难乎其为世界一等绸业国矣。

我对于敦煌艺术之看法

中华民族原较东西文明各民族少宗教意识，自汉通西域，引佛教东来，更乘六朝丧乱孔多之际，佛教得以昌盛。于是为宗教服务之艺术，改变形式，大受印度影响，其中士大夫阶级，尚有守中国原来传统之作品（如顾恺之《女史箴》、展之虔《春游》等等，假定它们都是真迹），若六朝之洞窟艺术如云岗、龙门、天龙山之属（宾阳洞高刻已建立中国风格），大抵皆染印度影响甚深。因佛教此时极发达，既刊划佛教，用其形式，当不可避免。只建筑仍中国风格，因印度用石，中国用木，虽已无六朝建筑存在，但唐建尚有，以唐推断六朝，想能仿佛。绘画则由汉人丹青，发展到唐之极度壮丽完备，我可约略与印度作一比较。吾国古人好言印度犍陀罗艺术，以我游印亲眼所见，此染有希腊坏影响之北印度艺术，可以谓之希、印两族合瓦之艺术，因其全无希腊、印度之优美，而适有各个之缺点也。此可由上海土山湾教士传授中国人油画得一概念，其中国人所画之作品，全是中西合瓦，毫无意识！印度美术与中国美术时代兴衰有相同之点，即其上古甚有创造力（阿育王时代，约相当于西汉），中衰历五六世纪，而极盛于七、八、九世纪（唐代）。如今日印度之伟大作品

若Elephanta、Mawaripuram、Flora等地所存之雕刻，Ajanta之壁画，彼之极盛时代，与我国之极盛时代精神一致，即民族形式之形成；以印度Elephanta像庙及Flora之西梵天主伉俪浮雕（希腊王四世纪标准），与犍陀罗艺术之在北印Taxila（不久以前发掘出一世纪左右古城），以及拉合尔等大城各大博物院所藏古雕刻相比，其精粗真如珠玉之与瓦砾！因我所见大小不下数千件犍陀罗作品，三等以上之物未得见一件。若象庙之三面像及爱洛拉雕刻，伟大精妙，则是奇观，可与埃及、希腊杰作比拟也。此犍陀罗风格之被中国接受，遂致中国失去汉人简朴而活跃之风格，形成一种拙陋木强之情调。迨唐代中国性格形成，始有瑰丽之制。故敦煌盛唐作品，其精妙之程度，殆过于印度安强答壁画。

吾国自汉及宋千年文物大都毁坏，文献不足征，幸有敦煌洞窟保存的数百件完整壁画与雕刻，可考见吾国各时代之风格与兴衰之迹。而最重要，唐代中国文艺高峰之存于绘事者，可约略窥见一斑，为吾人想象不可得见之吴道子，王维高妙作品之助；而又证明借助他山，必须自有根基，否则必成两片破瓦，合之适资人笑柄而已，征之印度与吾国皆有明例也。又魏时之喃喃派（亦可称之未成熟之山林情调）不能比汉之喃喃派，因汉代雕刻之到达武梁祠境界，如人之已能语言，差足表情，若降而又返回喃喃情调，则有如患脑膜炎而哑者之语言表情，显出病态。敦煌北魏之飞天，不足比辽阳汉画，而盛唐供养人，则可考见中国绘画之大成。合以历世所遗卷轴观之，治中国中古艺术史，得过半矣。

法国艺术近况

西方人酷嗜东方艺术，一张朱红漆木床，在巴黎可值七八千法郎（约合华币七百余元），一件中国木器，偶尔破毁，法人士尝愿费数十元（约五六百法郎）之工资，以修复之。是以海外留学生，若于中国画具有根底者，可借"漆工"以自给也。中国人事事皆落人后，惟讲烹调设菜馆，尚为颠扑不破之事业。现在伦敦中国菜馆其五家，巴黎多至六七家，营业莫不异常发达。义宁陈三立先生之八公子陈登悟，即留学界著名之"巴黎通"也。尝言巴黎之大，宜有人设点心馆，精治雅室，陈设中国式之上等木器，备办莲子羹八宝饭等零食，招致顾客，其食单可每日更换，其陈设品，可以任人选购，一举两得，最合西方人士心理，惜尚无人仿行之耳！

西方女子之毅力，虽不逮男子，学问上之天才，男女本无轩轾。法国当代女名画家，首推佳运女士，其小字曰玫瑰，其作品以《马市》一幅为最著名。而本人平日最服膺之近代名家，实无过于业师达仰先生。盖法国美术界之业师，本可由学者自行选择，名师数辈，大抵著作等身，学者可先就其作品，详加研究，一旦及门受业，师弟间相得之情，每不亚于家人父子；后

学晚进，对前辈执弟子之礼，平日进见，不称先生而称老师，是皆其他新进之邦所难能也。达仰先生之可敬崇，予更有深切之观感焉。予谓世界画品，别类繁多，若古典主义，若浪漫主义，若印象派，若后期印象派，若立体派，若未来派，杂目细节，姑置弗论，数其大端，终不外乎写意、写实两类，不属于甲者，必属于乙。达仰先生之伟大，正以其少年时从写实派入手，厥后造诣日深，更于艺事融会贯通，由渐而化为写意派。"大凡玄虚之理想最难实现，而先生写意之作，最能实现其理想。"大凡欧洲各国表示"正义"之图，尝绘一手持天秤之女子，而先生所作之《正义》图，仅显一女子面旁列金杖，眉目间炯炯有神，凛乎其不可犯，不必有天秤在手，已足以色相之庄严，流露正义，真令人五体投地。法国者人文荟萃之大国也，巴黎思想界最发达，法国宪法，即以"思想自由"为开宗明义之第一节。巴黎法国学院操国家文化之权，内分文学、美术、考古、政治、经济等五部，二百四十位老学士，头童发白，道德高尊，真足令人望而歆慕。此种现象，岂一朝一夕之功，所能造成之哉！巴黎画家之引以为荣者，尤非寻常人意想之所能及，其所谓荣，不在奖牌与名位。若其人学力，果至登峰造极时，意大利福隆市之画院，必征取其自画像，入院陈列。凡欧洲诸画家，其自画像已入福隆画院者，作品价值，较平日顿增数倍，其足以动社会之视听，一如中国古代名人之入圣庙或贤良祠，达仰先生自制之画像，业于十一年前，应征入福隆画院。

至于中国画品，北派之深更甚于南派。因南派之所长，不过"平远潇洒逸宕"而已，北派之作，大抵工笔入手，事物布置，俯手即是，取之不尽，用之无竭，襟期愈宽展而作品愈伟大，其长处在"茂密雄强"，南派不能也。南派之作，略如雅玩小品，足令人喜，不足令人倾心拜倒。伟哉米该郎楫罗之画！伟哉斐多文之音！世之令人倾心拜倒者，惟有伟大事物之表现耳。

关于巴黎留学界，今有中国画家二十余人，其团体之名称，不曰"天马"，而曰"天狗"，已觉奇特，而法国画家之团体，所谓狂母牛会者，更将令人望而却步矣！世界之大，真无奇不有也。

印度美术中之大奇

吾于印度美术，初不感兴趣者也。吾亦不自知其所以然，或者为吾心之反动，致有是主观。要之吾审美观念与之异趣，则自生而然者，无或疑也。故在东方之佛教艺术，日本、缅甸无论矣，暹罗吾未到，其塑像也无非"公哉"（画中确有佳作）。虽吾中国，中古，其造形艺术舍建筑外，其发展之程度殆凌驾印度本土而上之。遗迹之存于今日者，若岩洞石刊与墓志造像等等。其影响，吾俱等闲视之，因其所制人物悉公哉也。希腊在两千五百年前已不写公哉，其智慧之超越其他民族，不綦远乎？吾于印度一切，初未尝研究，因印度一切重内而轻外。贵心而贱物，未尝不佳，特吾所知于艺术者，须对于色象有灵感，有真觉，显其外。所以，形其内者乖戾。凡欲先秉承简册，而后了解之艺术，皆吾所深恶痛绝者也。夫老僧入定，神游天外，当不止十年八年之历，而其事与艺术无关。今欲使人耗精力，糜光阴，而探公哉之秘，世固有人为之，特非吾所尚也。然敻绝百代，高超无伦之艺事，因不待乎假设，多所依据其线、其形、其轮廓，达到中庸则圣也。于是乎，出神也。于是乎，附而众生之灵，爽归之。于是，此木石绢素之灵，亘万代，遍大宇，永久不灭，是至人德之极也，亦艺事之至也。

廿八年冬，吾方第一次得见印度艺术之美，乃加尔各答博物院入门处二千三百年前Asaka（阿扎卡）时代一石牛，简约华妙，不愧埃及名作，足以代表印度极盛时代之伟大精神。同院藏公哉不可胜数，久遂寂然无所见。翌年之秋，乃偕丘君庆昌等，为印度西北之游。曾稍准备，按图索骥而观之。至于Ellona（埃洛拉），真洋洋大观也。开拉雪庙左外壁上之西梵天王伉俪高刊，殆为东方最妙丽之合像。惜不能致一影片。其负重之群像，变化生动，亦是伟构。此庙奇丽，世界第一，不负一百五十年凿山之功。

印度人凿石，有如中国人吸鸦片烟之舒适，矫揉造作，不当一回事。其镂刊之也，如划豆腐，无不如意。大概上帝先做软石，俟人雕镂成功，再使之坚硬，与其诡制风化石捉弄中国、西南夷者相反。否则，印度广产昆吾钢，资工使用，削铁如泥。夫一国家，遭一强暴外族侵凌，此外族者尤仇视宗教，烧毁轰击其寺，无所不用其极。一次君临，亘三百年，而今日所遗，尚有如许量外观高大宏丽，细视纤巧精好之庙，布于印度东西南北者，以千万计，何其人之好事至于此极耶！抑尽印度三百年前之人俱为石工乎？

印度为东方建筑代表地，已使人目为之眩，顾仅此情绪，吾心亦未为所满足也。果也：其数千万无名英雄中，有人而刊像庙西梵、未息笯三面巨像者。此像舍弃公哉而开始为印度巨人。其创世界、保持世界与毁灭世界者，似乎其人真有此力量。其渲染之简，线之清而精到，尤于神情之表现，尽量充分。其繁碎部

分能融合，恰到好处。吾乍见之所激起之惊叹情绪，与当年之见特于勒之《使徒》、铎奈推罗之《圣约翰》、米该郎棋罗之《摩西》全同。而此刊之体积如此，周围环境如此，美哉！飞弟亚史之黄金、象牙塑制之《雅典娜》与《上帝》巨像，未知果何若也。今世所存千载前之伟观，殆未有加乎此者也。既美矣，又尽善也。吾徘徊竟日，往来考览，欢喜赞叹，不能自已。

帕提农

雅典安克罗波高岗，乃希腊之圣地。俯瞰全城，凡八十公尺，其面积约三百亩。其间兴亡之路，攻战所争，纪元前千五百年，已建其基。其隆也，于以筑壮丽之庙；其替也，则遭外族摧毁。纪元前五百十年顷，雅典因政争，其民主党首领克理斯蒂鉴于历来为政者，以祀神邀民望，更欲张大神宫，显其伟烈。于是计划建雅典保护女神雅典娜庙，即帕提农所由来也。顾因梅弟之战（公元前四百九十年），工事停顿。逮雅典于马拉松击败波斯倾国来犯之师，于是阿尼斯蒂更扩大克理斯蒂计划，取多利亚式，积极兴工，基础已奠。顾第二次梅弟之战（公元前四百八十年）又起，希腊人悉避守于萨拉鲁瓦，波斯人因入雅典，得一奸细导引，因攻入安克罗波岗，毁其群神庙，杀其守者。（公元前四百七十年）雅典终战胜波斯，即思重建岗上群神之庙。特米斯托克乃先令拾乱石建一高五公尺、厚四公尺之城，希姆诺继之，及伯里克利为政，遂有世界古今至美尽善之帕提农。

帕提农者，乃安克罗波岗上之大奇，安底克派中之杰作，亦雅典人爱情与骄傲之所寄附之建筑也。其基地高固，无所偎傍，列柱高耸，卓然矗立，不为物蔽。伯里克利之思复兴安克罗波岗群神居也，第一念，即及帕提农。故即委其任于其友，古代第一大雕刻家飞弟亚史，指挥一切，而大建筑师伊克帝诺斯及干理克拉堆史助之。吾人苟览其计划之图，可见出于一大雕刻超妙之意象。盖未来之种种雕刻珍奇，胥于是凭倚，而飞弟亚史手创之妙丽之雅典娜女神，即供养于是也。帕提农意译为群贞女之居，其初仅拟为一高堂，供养雅典娜，至纪元前四世纪，乃被世人一致名之帕提农。

其工程始于纪元前四百四十七年，成于纪元前四百三十八年。落成典礼举行于雅典人四岁一次盛大之巡行祭期，娱乐连日，万众欢腾。至其内部壁画及木器之装置设备，至纪元前四百三十二年方竟事。此帕提农，可谓实现伯里克利、飞弟亚史、伊克帝诺斯三人高亢之合奏。其简雅之柱，皆多利亚式，竭森特利克之美玙，历久稍黄，弥增沉艳。其高为二十一公尺，其列柱建于三层基石上，每层五十五公寸。庙长六十九尺五十四寸，宽三十尺八十六寸，长方形。围以列柱四十六，两旁每列十七柱，面各八柱（在四角之柱两次计数也）。此柱并非用整块石制，乃匾鼓形堆叠而上。十鼓或十一鼓为一柱，柱高十公尺四十三寸，柱之下面剖面直径为一公尺九十寸，最上之柱剖面直径为一公尺四十八寸，柱凹纹二十条，柱上屋檐，饰以铜盾，至亚力山大时，以镀金之盾饰之。壁饰以浮雕，两头三角额饰，以美妙无伦之高刊。额须与额角，皆饰以铜兽以资牢固。天花板，亦以云母石为之。瓦则帕罗斯岛产之云母石制。惜今日庙顶早毁，不知瓦形如何也。

庙内部亦长方形，长五十九公尺二十五寸，宽二十一公尺七十五寸，高于外围两级，由东西两面之六列柱门入。两旁墙围之内，分四部。庙前殿，正殿，帕提农，后殿。前殿由东门入，拾铜阶而升，除所入门以外，各柱之间，间以高栏，西壁有一深门，人亦可由之入正殿，凡贡献于女神之祭仪，皆陈于殿前。

正殿也名Heka tompedon，长三十八公尺八十四公寸，宽二十公尺，墙染暗红色，以九柱间之，为三部；正殿上寝殿（即班尔堆侬）有一墙，正殿以云石横间之为三部，智慧女神像即置于最后之部，其座今尚可见。

所谓第三殿帕提农者，举行大典礼时，专为少年女子而设。宽十九公尺，深十三公尺三十七寸，其中有列柱四，用以支顶，后墙有力，通于后殿，以栏间之。

后殿围以高栏，盖司出纳之人守于此，庙内之藏库也直及于西边列柱。

帕提农虽多利亚式柱头，但不能指为纯正多利亚式，盖变化者。凡各处一则，一则正列八柱，多利亚式惟有六柱，因之全庙之长方形，变为更方。帕提农雕刻之重要，与建筑等，故更显美丽。多利亚式恒创，惟前后饰雕刻，此则四围皆有雕刻。寻常多利亚式庙，只有前正后三殿，此有四殿，并以正殿拥有充分之光，令四面皆见此象牙嵌宝、高十二公尺、神圣庄严妙丽莫比之飞弟亚史手造之智慧女神。此女神为古代七大奇之一，掀动当日全世界人类赞美者也。故飞弟亚史、伊克帝诺斯既为此女神建庙，必于是着意，则又非特米斯托克、希姆诺所计及，待伯里克利友于雕刻之圣，方有此伟大动念也。

故帕提农，既为世界最大雕刻家主持一切，则其为雕刻地

者，应无微不至，其雕刻亦遂为世界人类造作之至美尽善大奇之。帕提农智慧女神虽不可见，要其额刊当亦出于飞弟亚史之手。四周壁饰浮雕，出于其助手或友人或门弟子不可知，但皆一体妙丽，美满至极。东面额刊题为智慧女神之降生，全副武装，立于上帝之旁。此刊伤毁过甚，因入拜占廷朝，中世纪希腊人信耶稣教，改此庙为寺，在此额近建造。又英人爱尔近硬拆之倒地，运归英伦，故今日在庙额上残余，仅有数人马之头而已。据古人记述此额刊，上帝居中，坐于宝座，其后，赫菲斯托斯持一斧，刚砍破群神之父头者。上帝之前，智慧女神戎服挺立，胜利之神为之加月桂之冠，群神及女神，或坐或偃卧，适合于长三角形之额；其左为赫利俄斯及其马，又狄奥尼修斯，又地神得墨忒尔；其右则群女神，惟女神狄俄涅等为美祭典，更有月神塞勒涅与其夜车钻入一角。

其西面之额刊，题为智慧女神与海神波塞冬之争希腊安帝克（雅典所在部）。海神持其三尖叉，一马浮跃，象征海神击地倒海之威。至于智慧女神手执物击地，生橄榄枝，为彼胜利之标。两人之后兵车，雅典娜者，则胜利女神及邮神为御；海神之车，则无数英雄美人从之。今日惟在西北角留一残缺之凯菲斯及其女，与一队妇。其壁饰凡九十二块，今在庙上无多，皆将垂毁，在英伦者十五，巴黎者一，颇非出一人之手，亦互见高下，皆关于智慧女神故实。女神则不冗，盖彼庇佑其民之作战，而予以胜利。西面之浮雕，则刊雅典人战来自东方之女骑士阿马戎；东面者，则群神之战巨人；南面者为拉比脱人、雅典人与半人半马神恶斗；北面者则为战迹。此沿于墙端之妙丽雕刻，当时皆以彩色涂底，故一切人物益加凸起。如两额，则以青底，人与马人斗之排档间饰，则以红色，其外有以彩色着于衣服上，冕上带上往往饰以金，其辉腾彩耀之景，直不可思议。

浮雕之最美者，为正殿Gella四周一百六十公尺长，约十二公尺上端一段，盖最具特性智慧女神典故也。该雅典少女，每四年一次，举行盛大巡礼祭登安克罗波岗，赴智慧女神庙顶礼，献其合绣之轻纱。飞弟亚史盖采此祀典形式，作为题材，故正殿四面，即为先后连续之大巡礼。计人三百五十，马一百二十。在西面者，作群少年，集合其祭服。而群奴则按马受羁，有逸出者，一人趋制之就范，使之整列。于是群教长、官长导行于前，巡礼者两排行继其后，一自南进，一自北进，而汇集东墙，即为巡行之终点。在众目睽睽欣然色喜之运动员目光之下，雅典大统领与其夫人献其无袖绣衫于神。此全段雕刻作风之美，真难以笔墨形容，寻常生活状态与一庄严之祭祀能融合无间！群少女皆具高贵简雅之姿，正身前行，双目平视，衬衣轻衫，笼其娇体。虽非出于一手，而浑然大和，自然曼妙，使非飞弟亚史指挥，恐不易臻此。

从古美人都薄命，帕提农亦然，劫运线之不断。顾自纪元前四百三十二年直至十七世纪，尚未摧毁。一六八四年范尼史（今意大利之一部）邦主莫罗西尼偕一德国亲王，攻土耳其于雅典，时安克罗波高岗为要塞，屯兵于此，火药库设于帕提农之内。复故意毁庙，于是正殿及其雕刻六柱，又一门柱，及其他八柱，皆倒地。至于华美莫比之额刻乃为暴徒故意摔下切碎，于是此庙体无完肤。及一八一五年，英国爱尔近爵士者，请于土耳其政府，

愿运残石及雕刻与碑文数块至英研究,当蒙许可。于是爱尔近一不做二不休,将倒断于地之全部,与尚留庙上一切可以力取之雕刻,悉数运归伦敦。下议院决议,悉数购之,藏之于大不列颠博物院,成其夸耀世界之骄傲。当时有激烈抨击此巧取豪夺者,爱尔近答曰:"吾不过摹仿法国人耳。"盖一七八七年,法人舒瓦瑟尔伯爵,曾携归一帕提农浮雕,盖其早坠下,未损坏庙丝毫。而爱尔近急不择言,诬人如此。吾于一九三四年由意大利乘舟应苏联之请,过希腊,即有一雅典音乐家登舟,谈及帕提农,目皆欲裂,曰:"吾人大可请于英政府,据理追还此宝,英人无论如何,固不能还,但吾人可向之索价,因自私自利之英人,赔钱总懂得,此物应有几何物质价值,英人总懂得,吾希腊政府欠英国之债正多,英国不赔,即用相抵……"确然,倘此珍奇,尚留于庙上者,吾人诚不能如此在不列颠博物院之能逼视地摩挲耽玩。呜呼!但吾智慧女神何往而得见其面耶。吾登安克罗波岗,诚不胜啼嘘感叹之情,彼苍者天,既生此群彦于二千四百载以前,奈何续产凶暴绵绵于其后也,呜呼哀矣!

此绝代凄凉之帕提农,今日岑寂于安克罗波岗之一隅,群庙俱成劫灰,彼身亦剩残柱。幸希腊复国百年尚足自主,其国之贤士大夫,乃将残柱委地石鼓,接起柱立如昔,中虽无有,而外形不替,足供世人凭吊。诚哉,其为举世最可凭吊之地也。

中西艺术之异同与比较

造型艺术之起，原均由人类热情，欲停留其所感，印飞驶之现象。故初民所为，遗于吾人之艺术制作类，多动物、鸟兽、水族之形（**法国、西班牙**）。厥后，人类文明进步，各种工具渐渐完备，于是，摹拟之领域扩大，于艺术终至能写出极似之人像。

西方艺术之能刻划人像，如埃及，如希腊伯里克利（**大约须在距吾人二千五百年前**）时代，方能达到。吾国据记载，亦须至汉代。最著名的如毛延寿画明妃故事。而石刻无闻。

顾古希腊因尚武精神，各邦均建立竞技优胜者之像于公共场所，以人体美昭示大众，遂成为后日欧洲艺术之典型。中国艺术倾向鸟兽飞舞姿态，如汉代所遗留（**尤以成都附近出土之石椁所刻为精妙**），奠定后日自然主义之规模。

中国艺术虽在中古时代染有极浓厚之印度影响，但至唐代即能完全摆脱其风格，而自建宗派，由宗教艺术一变而为自由之抒情艺术。一如希腊以来绘画为壁上装饰之用者，至文艺复兴时代，大量作品均为悬挂之用。中国艺术，尤其是绘画，从唐代起，就从造物各种现象平均发展，匪如西洋艺术终以人为主体。故中国之山水画早于西洋画中之风景画，成立在千年之前。

中国画之建立应归功于王维。王维为文人画之远祖。古人谓观摩诘之诗，诗中有画，观摩诘之画，画中有诗。以后更有苏东坡等特别推重王维之画，于是，中国画家必须先取得文人资格，方显得名贵。

欧洲国家教育发达，人人有普通常识。故艺术家任何不文，必不致如吾国工匠多目不识丁者。溯中国之所以重视文人画，无非求其雅。艺术中惟一恶魔为俗，西洋艺术亦同一观点。特西洋艺术所标举之德如华贵、高超、静穆，次则雄强、壮丽，匪如中国审美观念之简单明了，仅标举一雅字而已。

故官所藏绘画之宝

历史上稀有之物，辄号曰国宝。吾国立国五千年，具国宝资格之品物，应有不少，顾不肖子弟，不自珍惜，百年以来，或遭豪夺，或受利诱，辗转迁移，流落于他邦，成为他人国宝者，吾之所见，已不下千百事。返观吾国所遗，所谓文物之宝，如画，如书法，或吉金刊石之属，人视为国宝者，世已不得会观。此次中英艺展，不佞忝为专门委员，与邓以蛰先生同在故宫博物院上海堆栈审查书画二百余件，颇得纵观之乐。《大公报》索为短文，爱举个人感想，叙其优劣。不佞见解偏执，或不独得四王同乡人之同意也。

中国人自尊之画为山水，有两国宝，已流落日本：一为无款之郭熙画卷，一为周东村《北溟图》。中国所有之宝，故宫有其二：吾所最倾倒者，则为范中立《溪山行旅图》，大气磅礴，沉雄高古，诚辟易万人之作。此幅既系巨帧，而一山头，几占全幅面积三分之二，章法突兀，使人咋舌！全幅整写，无一败笔。北京人治艺之精，真令人拜倒。

一为董源《龙宿郊民》设色大幅。峰峦重叠，笔意与章法之佳，不可思议。远近微妙，赋色简雅，后人所为青绿，肆意敷陈，不分前后，莫别彼此者，当知所法。郭河阳有四幅，其山林

一帧，清音遐发，不同凡响。

马远多幅，仅《华灯侍宴》足观。夏圭《西湖柳艇》，写傍水生活，美极矣！其处理舟楫茭苇，乱而理，熟而稳，色尤和谐，信乎其为杰构也。

此外，若李唐《雪景》、李迪《风雨归牧》，及无名氏《溪山暮雪》，俱佳。尤以阎次平之《四乐图》，岩石之钩皴法，树木之挺秀，俱戛戛独造，别开生面，惜后人无嗣响者。至巨然大幅，似非真迹。

花鸟乃吾国美术精诣，亦两宋人绝业，其杰作若林椿《十鹊》，生动天然，作风尤高妙。其布局于聚散飞止各态，极见经营之工。崔白双钩《风竹与鸬鹚》，确是杰构，可爱之至。

赵昌《四喜》，虽无林抚之雄奇，而特为秀逸。又鲁宗贵《春韶鸣喜》，确是佳幅。至徐熙、黄筌、元吉、黄居寀等巨子，此次未有出品。

宋徽宗画，故宫藏者，吾未见之。皇帝大画家，乃世界少有。其大名世多知之者，当以佳幅出陈，以餍众望。赵孟頫乃吾国历史上最大画家之一，惜故宫无其作品。元四家为八股山水祖宗，惟以灵秀淡逸取胜，隐君子之风，以后世无王维，即取之为文人画定型，亦中国绘画衰微之起点。此次有吴仲圭《洞庭渔隐》，尚有浑重气概；黄子久画，为恶札所毁；惟高克恭《雨水》，略多滋味，较一味平淡之倪高士画为胜。

明人画，自推仇十洲《秋江待渡》为第一。图写人物树木山水，层次井然，洋洋大观，无一懈笔，但非表情之大结构。就画而论，不亚于流落日本之《春夜宴桃李园》一图。如此功力，使人敬佩！

明宣宗写壶中富贵，殊为精能。唐寅《暮春林壑》，确见独创作风。陆包山《支硎山图》作法巧妙，此公为画中最巧之手，而又不流于熟者也。

若陈老莲，若石涛、石谿、八大等怪杰，俱当时流亡之人。如"破碎山河颠倒树，不成图画更伤心"等句，如何不令当时战胜征服之君主所注意？所以此类杰人作品几濒绝迹。至对八股式庸俗摹仿抄袭之作品，等之自桧以下，不足置论，鄙意以为送三四件以备一格可矣。

自来中国为画史者，惟知摭拾古人陈语，其所论断，往往玄之又玄，不能理论。且其人未尝会心造物，徒言画上皮毛笔墨气韵，粗浅文章，浮泛无据。此次多见真迹，可订正盲从之伪。又此次无人物，曾建议取宋太宗像（皆中国画中大奇）陈列，此为世界首出之华贵像。前乎此者，莫与伦比也。

朝元仙仗三卷述略

据宣和画谱载之朝元仙仗（有疑所谓五帝朝天残卷者，毫无根据），为北宋武宗元画，曾藏宣和内府，赵孟頫题跋其后。画实无款，尺寸颇大。又据黎二樵跋，则尚有一卷，笔法较武卷为粗，未言及尺寸。此二卷数百年来皆藏粤中，至武卷，最近"七七"以前，在港为日本人以巨价收去云。

闻武卷颇古茂，宗法道玄遗矩，观赵跋可见其推重之深。而武卷之既为宣和内府所藏，而又确系子昂鉴定，而题跋者度尚可信。但以全卷细审之，确是临本，特亦知武宗元之作，此是否徇何方请求，又果据何本临摹，则亦可得而知耳。

武卷中八十余人之注名亦甚可信，其所以为摹本者，约有数端。

一、卷中三帝均为主神，苟是创作，必集全力写之，显其庄严华贵之姿，此作画之主旨也。武宗元北宋名家，焉有不知？今武卷三主神，神情臃肿萎鄙，且身材短矮，矮于侍从女子，人世固不乏如是现象，究不称神而帝者气度，此传写之敝也。

二、卷末之金刚两足拖后，失其平衡，势将跌倒，此尤为依样画葫芦走失之明证。又有数神足太张开，前足太前向，胸太挺出，殊不自然，皆临本常有之病。

其外，则卷末笔法生涩，起卷则较生动，盖从后端起手，初不如意。创作者笔法前后必更一致，参看《八十七神仙卷》，显而易见。

武卷最后藏者罗岸览氏，曾以玻璃版印出，故得借以立论。

又武卷后有黎二樵一跋，设两卷武卷为画稿，断为真迹。真迹与否，以画原来无疑识不必辩；惟画稿云云，则卷中每神之上皆设方格为注名者，其非稿本明矣，界画亦欠精工。

大凡创作虽质朴，必充满灵气，摹本则往往形存而意失，两卷相较，优劣立判，不可同日而语。惟其他一卷，今无消息。

武卷虽与吾卷同，但已久被认为朝元仙仗图，吾故名吾卷曰《八十七神仙卷》。其与武卷略异者，此卷前多一人（一头而已，不残缺），卷后武卷多一人；此卷卷尾显然为人割去，其中当然有重要意义，惟以既缺故不得而知。又武卷前之破邪力士左手执剑，《八十七神仙卷》者为右手，此亦待乎研究者也。

英伦藏画有唐昭宗乾宁四年（公元八九七）之张淮兴佛像，像下一弹琵琶女子与卷中仙乐队者全同，其要点乃在髻上冠鸟冠，殆可考也。

廿七（一九三八）年岁尽，香港山村道中详参同异，明者自见，故非敝帚自珍之私也。吾又自省，倘人以武卷与吾卷合值，两以相易，吾必不与。且俟河山奠定，献与国家，以为天下之公器乎。

故宫书画展巡礼

感谢马叔平先生,以及两国立文化机关之办事人,此番吾人之眼福够饱了。此展分两次展出,兹举吾所赞叹者,略述于下。

书法

吾国几乎仅有之王羲之墨迹《奉橘帖》尚有人疑非真迹,但较《快雪时晴》高出多多。试看"橘三百枚"四字,有谁能办得到?宋贤苏、黄、米、蔡四家墨迹,苏书非极精品,黄、米两家书简,神妙如此,真过得到瘾。东坡喜举君谟,其书确有气度。又欧阳文忠公一页、扬少师一页,亦极珍贵。所陈虽不多,但至足赏玩。

名画

此次所陈堪称神品者有两幅。一为第一室之李唐《雪景》,笔法之高古,与气味之浑穆醇厚,诚不世出之杰作,为世界风景画中一奇。试看雪分远近,谈何容易,此不仅观察精微,定要笔墨从心所欲。李唐流落人间之作,尚有我在五年前,请中华书局印出何冠五所藏之《伯夷、叔齐采薇图》。此老信为吾艺术史上天才之一,非刘松年、唐寅可能比。

另一幅,乃第二室《寨上》,小幅黄公望山水。美哉,苍莽而浑厚，远近层次，微妙至此，信销魂之杰制。吾国山水画之能雄视世界艺坛千年者，不赖此类名笔乎？其旁有元人朱德润《云瀑》，亦是上选。伟大之范中立一幅，以绢色太旧，天暗难以赏览；李成幅较重要，但未能移吾情也。

楼上有极重要之巨然巨帧，信乎不凡。此画可称无章法，但有办法，巨帧而赖办法不足为训，但非天才，亦不敢如此。试看其旁郭熙幅，便觉其出力经营，而无美满效果。顾此非郭画精品（故宫有另一幅高此幅远甚），抑吾意亦非以此两画，而遽定巨然、郭熙优劣也。

宋人大幅青绿山水章法不恶，唐棣《渔归》大幅，极萧散，与元人《寒林》，皆是此展佳画。又如著名之沈石田《庐山高》、石谿山水卷，俱系杰作。前者尤重章法，至于石谿，可称三百年前之表现主义者。

吾不应遗忘高古雄强之马远，其派甚行于日本。吾国人久居北平者，颇亦效其体，以凿纤强之病，但终无克家之令子也。

花鸟画，乃吾国艺术在世界文化上最美妙之贡献，此席至今，尚无人敢在首座者。试看徐熙、黄居寀（四川最大画家之一）、宋徽宗以至明代边文进、吕纪，此唯美主义中之自然主义，超越国界，无时代性，高人赏之，童子亦爱，欲不谓之国粹，不可得也。

人物最难，古今极少佳作，可与失去之《八十七神仙卷》比者殆罕。李龙眠之《免胄》图，实无神采。明代郭诩之作《谢安东山携妓》幅，笔情不弱，吴小仙非匹也。高其佩之指画《庐山瀑布》，殊有奇气，惟画中人物，不免滑稽。

《悲鸿画集》自序

夫窗明几净，伸纸吮毫，美景良辰，静对赋色，非人生快意事耶？不佞弄柔翰二十年，既已积画成捆，盈千累万，独未尝有此乐也。吾之磅礴啸傲、悲愤幽怨、欢喜赞叹、讥刺谩骂，皆拨秽沉，辟书城，抽秃毫，磨碗底，借茶杯菜碟，调和群彩，资为画具。或据墙隅，就门侧，坐地板，鞠躬折腰，而观察之，得宣于绘于描也。当其兴之所至，精灵汇聚，神明莹澈，手挥目送，自以为仙。及竟，张之于壁，距离远视，意有所惬。于愿苟足者，则菜羹油汁或溅入幅，尘灰蛛丝或覆吾绘，又洗涤剔拭，惟恐不尽。嗟乎！倘世以艺为业者，宁有若朕之落拓耶？终身既无安居，而落魄已惯。于是，笔必择秃，纸多不整，新者摈除，秽垢弗计，贵人望而却步，美人顾而攒眉，意若不屑。暨于今日者，亦既有年。而嗜痂成癖者，忘情称誉；哀怜贫乏者，披资督工；同行嫉妒者，怒目唾弃；好奇容怪者，漫欲订交。恕道施之于己，爱自忘其形秽。集其愚得之虑，以飨世之不获己者。其当覆瓿，作燃料，裹乌贼鱼，包落花生，悉听其自然之用。吾特向云烟顷刻、热狂瞬息、白驹过隙、逝水回旋之际，作吾生之默志耳。夫将何道以溯颠倒迷离荒唐变幻之思耶。

《齐白石画册》序

夫道以中庸为至，而固含广大精微。昧者奉平正通远温顺良好为中，而斥雄奇瑰异者为怪；其狂则以犷悍疾厉为肆，而指气度雍容者为伪。互相攻讦，而俱未见其真者也。艺有正变，惟正者能知变，变者系正之变，非其始即变也。艺固运用无尽，而艺之方术，至变而止。例如瓷本以通体一色纯洁无瑕为极品，亦作者初愿所期望，其全力所赴。若形式之完整无论矣，如釉泽之调和精密配剂，不虞其他也。即其经验所积，固已昭然确凿审知也，不谓以火率先后之差，其所冀通体一色，能洁无瑕之器，忽变成光怪陆离不可方物之殊彩。拟之不得，仿之不能，其造诣盖出诸意料以外者，是固非历程之所必有，收效之必善，顾为正之变也。恒得此境，要皆具精湛宏博之观，必非粗陋荒率之败象，如浅人所设似是而非之伪德也。

白石翁老矣，其道几矣，由正而变，茫无涯涘。何以知之？因其艺致广大，尽精微也。之二者，中庸之德出。真体内充，乃大用然腓，虽翁素称之石涛，亦同斯例也。具备万物，指挥若定，及其既变，妙造自然，无断章取义。所窥一斑者，必背其道。慨世人徒袭他人形貌也，而尤悲夫尽得人形貌者犹自诩以为至也。

李可染先生画展序

芒砀丰沛之间，古多奇士，其卓荦英绝者，恒命世而王，冠冕宇内，挥斥八荒。古今人职业虽各有不同，禀赋或殊，但其得地灵山川之助，应运而生者，其吐属之豪健奔放，风范之高抗磊落，以视两千年前亡秦革命之夫，固同一格调也。吾友刘君开渠，徐州人，其雕塑已在吾国内开宗，而徐州李先生可染，尤于绘画上，独标新韵。徐天池之放浪纵横于木石群卉间者，李君悉置诸人物之上，奇趣洋溢，不可一世，笔歌墨舞，遂罕先例，假以时日，其成就诚未可限量，世之向慕瘿瓢者，于此应感饱啖荔枝之乐也。夫其兴之所至，不加修饰，或披发佯狂，或沉醉卧倒，皆狂狷之真，为圣人所取。必欲踽踽谅谅目不斜视，憧憬冷肉，内外皆方，识者已指之为乡愿，而素为李君之所不屑者也。故都人文荟萃，且多卓识，李君嘤求之意，当不难如愿以偿也。

《关山月画集》序

艺术乃最无束缚极度自由之世界，故襟怀广博，感情敏锐之士，以几年苦工，把握造物之色像，以后即可骋其才思所至，尽情发挥，毫无顾忌（只不背反公德）。不足则益以游踪，扩大见闻范围，或研讨学术，开辟思想，此古人读万卷书，行万里路之意也。岭南关山月先生初受高剑父先生指示，学艺天才卓越，早即知名，抗战期间，吾识之于昆明，即惊其才情不凡。关君旅游塞外，出玉门，望天山，生活于中央亚细亚者颇久。以红棉巨榕乡人，而抵平沙万里之境，天苍苍，地黄黄，风吹草动见牛羊，陶醉于心，尽力挥写。又游敦煌，探古艺宝库，捆载至重庆展览，更觉其风格大变，造诣愈高。胜利之后，关君走南洋，所至声誉鹊起。今将集其精华付梓，敬举所知，为阅者告。

《积玉桥字》跋

天下有简单之事，而为愚人制成复杂，愈久愈失去益远者，中国书法其一端已。中国书法造端象形，与画同源，故有美观。演进而简，其性不失。厥后变成抽象之体，遂有如音乐之美。点画使转，几同金石铿锵。人同此心，会心千古；抒情悉达，不减晤谈。故贤者乐此不疲，责学成课，自童而老不倦；嗜者耽玩，至废寝食。自汉末迄今几两千年，耗人精神不可胜数。昔为中国独有，东传日本，亦多成癖。变本加厉，其道大昌。倘其中无物，何能迷惑千百年"上智下愚"如此其久且远哉？

顾初民刻甲骨已多劲气，北魏拙工勒石弥见天真。至美之寄往往不必详加考虑，多方策划，妙造自然，忘其形迹。反之，自小涂鸦，至于白首，吾见甚众，而悉无所成也。古称"业精于勤"，焉有结果相反，若此剌谬哉？无他，一言以蔽之，未明其道故也。其道维何？曰书之美在德、在情，惟形用以达德。形者，疏密、粗细、长短，而以使转宣其情。如语言之有名词、动词而外，有副词、接词，于是语意乃备。

今号称善书之何子贞，学《张黑女碑》方习数字，至于汗流浃背。其乖如此，误人如此，安得不去道日远乎？

余悲此道之衰,而归罪于说之谬。爰集古今制作之极则,立为标准,亦附以淆人耳目之恶,俾学者习于鉴别善恶之明,而启其致力之勇。其道不悖,庶乎勤力不废,克能有成。

古人并无"笔",更无今日之所谓"法"。